Wahrheit ist relativ

Von Kevin Groh

Für Anna
Ohne dich wäre dieses Buch nie entstanden.

Und für Thomas, Marika und Lisa
Weil ich meine Gedanken immer mit euch teilen kann.

Wahrheit ist relativ

Sind die Gedanken wirklich frei?

Von Kevin Groh

Die Deutsche Nationalbibliothek verzeichnet diese Publikation in der Deutschen Nationalbibliografie; detaillierte bibliografische Daten sind im Internet über http://dnb.dnb.de abrufbar.

Covergestaltung: Trif Bookdesign

1. Auflage, 2020
© 2020 Kevin Groh – alle Rechte vorbehalten.
Kastanienweg 2
35321 Laubach
Hessen, Deutschland
Herstellung und Verlag: BoD – Books on Demand, Norderstedt
admin@omni-legends.de
www.omni-legends.de
ISBN: 9783752604085

Inhaltsverzeichnis

01
Über mich

Bevor ich mich mit euch in die philosophischen Untiefen stürze und euch meinen Blick auf die Welt vermittle, möchte ich zuerst darauf eingehen, wer ich eigentlich bin und weshalb meine Sicht auf die Dinge für euch interessant sein könnte.

Ich bin im Herzen Deutschlands, in Zentral-Hessen, aufgewachsen. Schon als kleines Kind war ich in meiner Natur sehr akribisch, zumal ich an einer ganz leichten Form des Tourette-Syndroms leide. In früher Jugend und dem Teenager-Alter äußerte sich das durch diverse körperliche Ticks, die im Laufe der Zeit beinahe vollständig verschwunden sind. Allerdings neigen Menschen mit Tourette dazu, bestimmte Verhaltens- und Denkweisen an den Tag zu legen, darunter gesteigerte Kreativität und einen Hang zum Perfektionismus.

Aus diesem Grund war ich bereits im Alter von vier Jahren ein begeisterter Autofan und konnte alle Fahrzeugmarken anhand ihrer Felgen erkennen. Ich besaß beinahe 100 Spielzeugautos, die ich in meiner ganz eigenen Ordnung *eingeparkt* habe. Falls meine Mutter oder mein Vater versehentlich eines davon bewegt haben, ist mir das sofort aufgefallen. Jede Kleinigkeit war wichtig und musste beachtet werden.

Als ich in die Schule kam, wirkte sich meine spezielle Art schon früh aus. Ich konnte sehr schnell lesen und perfekt laut vorlesen, habe schnell gelernt und vieles erschien mir bereits zu dieser Zeit sinnlos. Ich geriet häufig mit den Lehrern aneinander, weil ich mich weigerte, Dinge zu tun, deren Sinn und Zweck mir nicht ausreichend erschien. Während andere Kinder sich auf dem Hof dreckig machten und Fußball spielten, habe ich lieber mit den Mädchen Blumen gepflückt, weil mir die Wildheit der anderen Jungen zu anstrengend war. So kam es, dass ich der Erste war, der sich freiwillig gemeldet hat, neben einem Mädchen zu sitzen.

Noch heute muss ich über die Zeugnisse der Grundschule lachen. In jedem davon steht, dass ich mich nur zur Mitarbeit im Unterricht herabgelassen habe, wenn mir der Sinn danach stand.

Dieser Trend hat sich auch in den späteren Jahren fortgesetzt. Schriftlich und theoretisch war ich meist ohne viel Aufwand gut, wobei ich mich auf das Nötigste konzentrierte. Die meisten schulischen Inhalte waren für mich uninteressant, woraufhin ich mit dem Minimum an Lernaufwand gerade so durchgekommen bin. Die interessanten Fächer und Inhalte habe ich mit ebenso wenig Aufwand im oberen Drittel absolviert. Meine Achillesferse war auch zu dieser Zeit die verbale Mitarbeit.

Nachdem ich das Abitur mehr schlecht als recht beendet hatte, ohne den Sinn dahinter zu verstehen, weshalb ich mir das hatte antun müssen, drängte mich mein Vater dazu, sechs Monate in einer Eisengießerei zu arbeiten. Meine bisherige Arbeitserfahrung war ein Nebenjob in einer heruntergekommenen Tankstelle gewesen.

In dem halben Jahr, während dem ich im Dreck einer Gießerei körperlich arbeiten musste, war mein Verstand derweil nicht ausgelastet, sodass jeder Tag eine Tortur war. Ich tat mein Bestes und mein Vertrag dort wurde unerwartet sogar verlängert, doch diese Zeit half mir dabei, zu merken, was ich nie wieder tun wollte.

Daher begann ich wenig später eine Ausbildung zum Industriekaufmann. Die Vorgänge und Systeme eines Industrieunternehmens waren zum ersten Mal in meinem Leben etwas, dass eine Herausforderung zu werden versprach. Da ich mich jedoch dafür interessierte, besonders für Finanzbuchhaltung, schaute ich mir die Vorgänge dort eine Weile an und in meinem Kopf bildete sich ein Verständnis, wie die Zusammenhänge und Abhängigkeiten dort funktionierten – allerdings ohne es tatsächlich gelernt zu haben. Im Laufe der Ausbildung wurde mir klar, dass die meisten der Dinge, die ich mir aufgrund meiner Beobachtungen zusammengereimt hatte, genau so auch in Wirklichkeit waren. Allein mit meiner Beobachtungsgabe und meinem Verstand hatte ich nach wenigen Monaten einen Kenntnisstand erreicht, der in den folgenden zwei Jahren lediglich bestätigt wurde. Ich konnte bereits nach zwei Tagen in einer Abteilung meinen Bericht fertigstellen und einreichen, und doch war er inhaltlich so akkurat, wie ihn andere erst nach 3 Monaten hatten.

Ich schloss die Ausbildung in nur 2,5 Jahren ab, weil ich keine weiteren 6 Monate damit verschwenden wollte, Dinge erklärt zu bekommen, die ich bereits wusste. Als bester Absolvent in der Firmengeschichte (bis zu diesem Tag) verdiente ich mir die Unterstützung des Unternehmens für ein duales Studium.

Aufgrund der Natur des Unternehmens durfte ich anstelle eines BWL-Studiums nur eine Kombination wählen, sodass ich Wirtschaftsingenieurwesen mit Schwerpunkt Elektrotechnik studierte. Da ich keinerlei Interesse an Elektrotechnik aufbringen konnte, aber inzwischen mehr Ehrgeiz als in der Schule entwickelt hatte, lernte ich für die technischen Fächer etwas mehr als früher. Die wirtschaftlichen Fächer waren für mich nur eine Wiederholung dessen, was ich bereits in der Ausbildung gelernt hatte.

Mit kaum mehr Lernaufwand, als während der Ausbildung, gelang mir ein Bachelor-Abschluss, dessen Durchschnitt mich sogar selbst überraschte, doch er bedeutete mir nichts. Ingenieur zu sein, wenn man kein Interesse am Ingenieurwesen hat, ist kein wirklicher Erfolg, sondern nur ein Zeichen dafür, dass man mit genug Intelligenz oder Fleiß alles erreichen kann, solange man den Regeln des Bildungssystems folgt. Über Können, Wissen oder Begeisterung sagt ein solcher Titel nicht das Geringste aus.

Nach dem Ende meines Studiums, dessen Praxisphasen ich im Marketing gearbeitet habe, blieb ich in dieser Abteilung. Mir war bereits zu diesem Zeitpunkt klar, dass ich zwar viel über Marketing wusste und gelernt hatte, es mir jedoch genau wie das Ingenieurwesen keinerlei Freude oder Erfüllung brachte. Zudem sollte ich Marketing für ein mittelständisches Unternehmen machen, dessen Produkte zum Einen langweilig, und zum anderen auf B2B, also für andere Unternehmen ausgelegt waren.

Jegliche innovativen Ideen, die ich meinem gelangweilten Verstand entlocken konnte, wurden nach unnötig vielen Meetings und Besprechungen abgelehnt. Tradition, Unwissenheit und Ignoranz sowie eine unnötig langsame Hierarchie machten jegliche Motivation erfolgreich zunichte, sodass ich täglich zur Arbeit ging, und mir dort alles vollkommen egal war. Wäre das Gebäude abgebrannt, hätte ich nicht einmal mit der Wimper gezuckt.

An diesem Punkt erkennen manche von euch vielleicht ihre eigene Situation wieder, habe ich recht?

Inzwischen arbeite ich für ein finnisches Unternehmen, deren Arbeitskultur völlig anders ist als in Deutschland. Die Arbeit selbst macht mir zwar immer noch keinen Spaß, aber zumindest die Rahmenbedingungen sind so gut, dass ich Motivation habe, dort bleiben und meine Arbeit machen zu können.

Wie ihr vielleicht raushören konntet, ist keine meiner bisherigen Erfahrungen geeignet gewesen, als *Lebenstraum* bezeichnet zu werden. Wie ich den gefunden habe, möchte ich euch jetzt kurz erklären.

Seit ich ein kleiner Junge war, liebte ich Superhelden. Batman, Action Man, Spiderman – im Grunde jede Figur, die auf *Man* endete. Die reale Welt, draußen spielen, das war nichts für mich. Selbst wenn ich draußen war, hatte ich entweder Actionfiguren dabei oder stellte mir vor, ich wäre selbst ein Superheld. Ich imitierte Stimmen und stellte mir meine Umgebung als keltische Burg oder als paradiesische Insel vor. Meine Vorstellungskraft war immer stark ausgeprägt.

Aus diesem Grund konnte ich mit anderen Kindern auch wenig anfangen, da diese meine Interessen und Vorstellungskraft nicht teilten, sondern lieber Fahrrad fahren und Ball spielen wollten. Dinge, deren Sinn ich nie nachvollziehen konnte.

Im Alter von sieben Jahren bekam ich die erste PlayStation und, laut meiner Mutter, war das der Tag, an dem ich die Welt völlig hinter mir ließ. Ich verbrachte Tage ohne Pause damit, die faszinierenden Welten zu erkunden, die sich auf den DVDs und Blu-Rays verbargen. Filme, Bücher und Videospiele wurden meine neuen Begleiter im Alltag.

Diese starke Faszination von fiktiven Geschichten, deren Ursprung ich später noch genauer beleuchten werde, war der Grund, weshalb ich eines Tages auf die Idee kam, ein Buch zu schreiben. Sicher, diesen

Gedanken haben die meisten von uns irgendwann einmal, zusammen mit dem Gründen einer Band, eines Unternehmens oder dem Auswandern. Viele Geschichten, die ich liebte, hatten dennoch immer Komponenten, die mir weniger gut gefielen.

Als ich an einem Tag besonders gelangweilt war, dachte ich mir: Warum nicht eine Geschichte schreiben, wie ich sie erzählen würde? Genau so, wie ich sie gern lesen würde. So kam es, dass ich mein erstes Buch geschrieben habe, mit nur einem kurzen Skript und losen Ideen. Ich ließ meine Finger einfach über die Tasten laufen und die Geschichte Gestalt annehmen. Bereits während des Schreibens merkte ich, dass dabei genug Ideen entstanden, um ein weiteres Buch zu schreiben.

Nachdem diese beiden Werke veröffentlicht waren, mit selbst gebasteltem Cover und ohne jede Werbung, war das Thema für mich abgehakt – bis ich meine Freundin kennenlernte. Sobald sie erfuhr, dass ich innerhalb weniger Wochen ein Buch mit mehr als 500 Seiten geschrieben hatte, das ich ihr dann auch vorlas, machte sie mir klar, dass ich eine Gabe habe.

Da bereits ein drittes Skript in der Schublade lag, das ich nie weiterverfolgt hatte, dachte ich darüber nach. Und an diesem Tag erwachte die Erkenntnis in mir, dass nun alles Sinn ergab. Meine Talente – schnell lesen, eine angenehme Vorlesestimme, Imitationstalente, meine Kreativität, die Faszination für fiktive Welten, all die Erfahrungen durch Videospiele und Filme, die Erfahrungen im Marketing, meine Begeisterung für die englische Sprache - all diese Dinge erlaubten es mir, großartige Geschichten zu erzählen.

Ab diesem Tag entwickelte ich einen Langzeitplan für fast 40 Bücher, die ein ganzes Universum bilden sollten. Dabei würde ich die meisten wesentlichen Schritte selbst machen: Schreiben, korrigieren, formatieren, vermarkten, übersetzen, vertonen. Ich habe realisiert, dass meine Eigenschaften als Nerd nichts sind, wofür ich mich schämen muss, nur weil die deutsche Gesellschaft so etwas oft als lächerlich betrachtet. Ganz im Gegenteil, ich kann diese Eigenschaften benutzen, um das zu tun, was ich gut kann und was mich zudem sogar noch glücklich macht.

Ein paar von euch haben sich inzwischen sicher schon ein grobes Bild von mir gemacht. Ich bin, wie ihr vermutlich richtig gedacht habt, ein introvertierter Mensch. Das bedeutet, dass ich Erlebnisse und Eindrücke sehr intensiv in meinem Verstand verarbeite. Zu viele externe Eindrücke auf einmal überfordern mich, ebenso wie Spontanität und zu großes Durcheinander. Ich habe kein Bedürfnis, zu tanzen, zu singen, übermäßig emotional zu reagieren, weil das alles in meinem Kopf passiert. Das genügt mir vollkommen.

Diese Faktoren meiner Persönlichkeit, zusammen mit meinem Talent, mich in Systeme, komplexe Fragestellungen und Problematiken hineinzuversetzen, erlauben mir einen ganz eigenen Blick auf die Welt. Viele meiner Weltanschauungen sind stark philosophischer Natur. Das liegt daran, dass ich ein zutiefst rational denkender Mensch bin. Ich kann mit Gewissheit sagen, dass mich nichts auf dieser Welt schockieren kann, weil ich akzeptiert habe, wie die Welt meiner Ansicht nach ist und funktioniert. Das alles basiert auf meinen Beobachtungen und Schlussfolgerungen.

Warum also habe ich dieses Buch geschrieben? Ganz einfach: Man hat mich schon häufiger nach meiner Meinung über verschiedene Themen gefragt und ich habe meist keine Lust, darauf zu antworten.

Meine Ansichten kann man nicht mal eben in drei Sätzen erklären und ohne Kontext wirken sie für viele Menschen hart und düster. Also für alle, die mich je nach meiner Meinung gefragt haben: Hier ist meine Antwort in knapp 200 Seiten. Viel Spaß damit.

02
Fakten und Glauben

Für gewöhnlich schreibe ich rein fiktionale Geschichten aus den Science-Fiction und Fantasy Genres. Da ich jedoch übertrieben fantastische und zum Teil überzogene Werke aus diesen Bereichen selbst nicht mag, lege ich dabei dennoch viel Wert darauf, dass alles, ob Technologie, Magie oder das Weltgeschehen, immer logisch nachvollziehbar und verständlich ist. Auf diese Weise erreiche ich eine seriöse, ernsthaftere Version von Geschichten, die weniger auf Kinder ausgelegt sind.

Die Frage ist nun also: Warum schreibe ich jetzt ein Buch über ein völlig anderes Thema? Philosophie? Gesellschaftskritik?

Dazu muss ich sagen, dass ich mir seit vielen Jahren Gedanken darum mache und mich frage, warum unsere Welt heute so ist, wie sie ist. Warum gibt es Armut? Warum herrschen Kriege? Wieso gehen Wirtschaftskonzerne über Leichen, um mehr Gewinne zu erreichen? Wieso gibt es religiöse Fanatiker? Sehen diese Menschen nicht, was sie anderen mit ihrem Handeln antun?

Ich habe mich mit Philosophen beschäftigt, die Geschichte betrachtet und eigene Überlegungen angestellt und bin dabei auf Antworten gestoßen. Genau diese Antworten sind der Grund, weshalb mich nichts mehr schockieren kann und ich so rational denke.

An dieser Stelle sage ich es ganz offen: Ich schaue keine Nachrichten, ich gehe nicht wählen, ich bin nicht per Definition religiös und informiere mich über aktuelle Geschehnisse nur so minimal wie möglich.

Auch diese Verhaltensweisen sind das Resultat meiner Überlegungen und der Antworten.

In diesem Buch möchte ich euch jedoch nicht diese Antworten geben. Einige von euch fragen sich jetzt sicher, wozu ich das dann alles aufschreibe. Ich schreibe euch hier nicht meine Antworten auf, damit ihr sie konsumiert und ihnen folgt oder sie ablehnt. Jede Antwort, von der ich spreche, ist ein ganz persönliches Ergebnis meiner eigenen Überlegungen und Gedankengänge. Jeder von euch, jeder Mensch, muss seine Antworten selbst finden. Ich möchte euch in diesem Buch lediglich einige Dinge bewusst machen und erklären, sodass ihr damit hoffentlich eure eigenen Antworten finden oder überdenken könnt.

Ich werde in diesem Buch kaum Quellen benutzen.

Warum ich mich dagegen entschieden habe, meine Aussagen hier mit *Fakten* zu belegen? Das hat mehrere Gründe und hier muss ich direkt philosophisch werden.

Der Mensch kann niemals alles wissen – schon gar nicht im heutigen Informationszeitalter. Die gewaltige Masse an Daten, die man über das Internet erreichen kann, überwältigt unser Gehirn, das nicht für diese Art der Dauerstimulation gemacht ist. Bereits in den vergangenen Jahrhunderten konnten die Menschen nicht alles wissen, zumal die geistige Reife und Kapazität im Mittelalter mit heute kaum vergleichbar ist.

Da es unmöglich ist, alles zu wissen, und wir gar nicht die Zeit oder das Interesse haben, alle Fakten zu recherchieren, erfinden wir stattdessen unsere eigene Wahrheit. Diese nennt man im Allgemeinen auch *Glaube*. Glaube ist ein Ersatz des Gehirns, um fehlendes Wissen auszugleichen, da die Neugier in uns eine Antwort verlangt.

Das Problem am Glauben ist aber, dass unser Gehirn die selbst erdachten Informationen genauso abspeichert wie Fakten. Im Laufe der Zeit erinnert man sich nicht mehr, ob man etwas aus einer belastbaren Quelle erfahren hat, ob es nur ein Gerücht war oder ob man sich diese Antwort selbst gegeben hat, weil sie einem plausibel vorkam.

Ich gehe auf dieses Thema im Bereich Religion und Glaube noch tiefer ein, aber an dieser Stelle will ich auf Folgendes hinaus: Es geht hier nicht um Fakten, sondern um Glauben.

Es geht nicht darum, euch mit Zahlen und Fakten zu überzeugen, wenn ihr an etwas anderes glauben möchtet. Es geht darum, euch andere Sichtweisen und Betrachtungswinkel zu vermitteln. Wenn man etwas verstehen und nachvollziehen kann, gegen das der eigene Verstand kein Argument hat, zwingt man das Gehirn, die eigene Weltanschauung zu hinterfragen und anzupassen. Fakten sind dabei sehr heikel, weil sie endgültig sind und, sofern sie aus einer wirklich verlässlichen Quelle stammen, rein logisch nicht wegdiskutiert werden können. Nicht viele Menschen können mit so etwas umgehen.

Deshalb verzichte ich auf konkrete Nachweise, sondern nutze hier nur meine eigenen Argumentationsketten. Dabei versuche ich, die Dinge so simpel wie möglich zu halten, da man über jedes Einzelne dieser Themen ganze Buchreihen schreiben könnte. Wenn ihr möchtet, könnt ihr die meisten Dinge selbst recherchieren und euch die Fakten dazu anschauen. Ihr könnt selbst entscheiden, ob ihr mir zustimmt oder nicht und was ihr mit diesen Denkanstößen anfangen wollt. Vergesst bitte nicht: Jeder kann selbst entscheiden, was er glauben und für wahr halten möchte.

Für diejenigen unter euch, die dennoch gerne zumindest ein paar Quellen haben möchten, habe ich am Ende des Buches ein paar davon zusammengestellt, damit ihr euch zu einigen Themen selbst einlesen könnt.

Bevor wir gleich richtig loslegen, noch ein wichtiger Hinweis:

Alles, was ich in diesem Buch schreibe, basiert auf meiner ganz persönlichen Meinung, meinen Beobachtungen, Recherchen, Schlussfolgerungen und Ergebnissen. Jede Aussage, die ich hier treffe, ist zu 100% wertungsfrei, rational und in keiner Weise abwertend, negativ, beleidigend oder als Angriff gemeint. Ich argumentiere absolut rational und emotionsfrei. Es gibt für mich weder gut noch schlecht, es gibt nur zielführend oder nicht.

Dann wollen wir mal!

03
Der Sinn des Lebens

Fangen wir doch gleich mit der essenziellsten Frage an, die Philosophen und jeder von uns in seinem Leben bereits mehrfach gestellt hat. Was genau ist der Sinn des Lebens?

Ich schlage vor, wir nehmen uns diese Frage stückweise vor, sonst wird das alles zu kompliziert, einverstanden? Wunderbar!

Jeder von uns hat sich schon irgendwann einmal gefragt, warum er auf dieser Welt ist. Oder ihr seid so wie ich und fragt euch das jeden dritten Tag. Wenn wir beobachten, zu welchen Zeitpunkten wir uns diese Frage stellen, hilft uns das bereits, der Antwort näher zu kommen.

Klar, es gibt Momente im Religionsunterricht oder auch zu anderen Anlässen wie einem Abend mit Freunden, wo man diese Frage philosophisch in einer Gesprächsrunde stellt, bis das Essen fertig ist.

Am häufigsten schleicht sich diese Frage aber in unseren Kopf, wenn wir unglücklich sind. Vielleicht müssen wir früh aufstehen, weil der Job, die Uni, die Schule ruft und wir nicht zu spät kommen wollen. Oder aber wir haben einen geliebten Menschen verloren, einen Beziehungsstreit oder Ärger mit den Kindern. Möglicherweise wächst uns auch einfach alles über den Kopf. Selbst die Diagnose einer schweren Krankheit kann dazu führen, das eigene Leben genauer zu beleuchten.

Aber warum stellen wir uns diese Frage? Ganz einfach: Weil unser aktuelles Leben, wie es gerade ist, uns unglücklich macht und wir uns fragen, ob das *normal* ist. Bereits da liefern wir uns ja selbst schon die

Antwort. Wären wir glücklich, würde uns diese Frage im Traum nicht einfallen.

Daraus folgere ich rein logisch, dass der Sinn des Lebens darin besteht, glücklich zu sein.

Wow, Kevin. Das war jetzt mal eine unglaubliche Erkenntnis.

Danke, aber damit ist es ja auch noch nicht getan. Der Begriff *glücklich* ist ja nun kein Wort, dessen Bedeutung man leicht in Worte fassen kann. Der Grund dafür ist, dass jeder Mensch eine ganz individuelle Definition des Begriffs hat. Jeden macht etwas anderes glücklich.

Toll. Damit kann ich jetzt was anfangen.

Das nicht, aber es ist ein Anfang. Wenn ich euch jetzt direkt fragen würde, was euch glücklich macht, bin ich mir ziemlich sicher, dass keiner von euch mir innerhalb von zwei Sekunden eine definitive Antwort geben kann, ohne sich insgeheim selbst zu fragen, ob ihr euch wirklich sicher seid.

Dafür gibt es diverse Gründe.

Eine Vielzahl der Menschen leben in einem Trott. Wir wachen auf, gehen zur Arbeit, kommen nach Hause, kümmern uns um die Kinder (sofern vorhanden), erledigen Hausarbeiten, versuchen, ein Hobby zu verfolgen und verbringen dann noch etwas Zeit mit dem Partner (sofern vorhanden). Dabei haben wir tausend Dinge im Kopf, Probleme, Rechnungen, Ablenkungen, Wünsche und die Arbeit geistert noch immer im Hinterkopf herum. Wie soll man da Zeit finden, glücklich zu sein?

Wenn man einen anderen Menschen fragt, was ihn glücklich machen würde, bekommt man eine bunte Sammlung von Antworten, wie diese:

- Ich möchte die große Liebe finden! *Wer will das nicht? Und was machst du dann mit der Person?*

- Ich will ein schnelles Auto fahren! *Und was tust du, wenn du es in der Garage abgestellt hast?*

- Ich will guten Sex haben! *Ich auch, aber was machst du nach dem dritten Mal in Folge, wenn ihr keuchend nebeneinanderliegt?*

- Ich will eine riesige Menge Geld verdienen! *Um was damit zu tun?*

- Ich will in einer Villa wohnen! *Klasse! Und was machst du dann da?*

- Ich will eine Familie haben! *Wir sprechen nochmal, wenn die ganze bucklige Verwandtschaft an Weihnachten da ist und drei Kinder heulend an dir hängen, weil das Eis leer ist.*

Ich will keinen dieser Wünsche abwerten, absolut nicht. Aber das sind alles Momentaufnahmen. Natürlich können sich Freude und Glücksempfinden im Laufe der Zeit verändern, sodass uns andere Dinge wichtig sind. Aber das ist nur dann der Fall, wenn es sich um Dinge handelt, die nicht wirklich unser persönlicher Sinn des Lebens sind.

Ein Beispiel: Viele Leute, besonders Frauen, wünschen sich nichts mehr, als Kinder zu bekommen und eine Familie zu gründen. Das ist ein großartiger Wunsch und er kann durchaus ihr Sinn des Lebens sein. Sobald aber das zweite Kind da ist, der Partner arbeitet und kaum da ist, die Kleinen grundlos weinen und man kaum noch Zeit hat, zu atmen, kommt die Wahrheit ans Licht. Eine Person, deren Lebenssinn das Dasein als Elternteil ist, wird zwar auch hin und wieder verzweifeln, aber niemals, nicht einmal heimlich im eigenen Kopf die Frage stellen, ob sie den richtigen Weg gegangen ist. Solche geborenen Eltern lieben jeden

Augenblick, egal wie anstrengend er ist, weil sie damit beinahe spielend umgehen können.

Andere Leute setzen ihren vermeintlichen Wunsch um und bereuen innerlich, diesen Weg eingeschlagen zu haben. Der Grund dafür ist, dass die Idee, beispielsweise die Idee eines Kindes, sich verlockend anhört. Wenn dann aber die Realität zuschlägt, fühlen sich viele Dinge ganz anders an, als man es erwartet hat.

Worauf ich hinauswill, ist, dass die meisten von uns sich von anderen einreden lassen, was Glück bedeutet. Nur weil der beste Freund unglaublich glücklich ist, weil er Single und kinderlos ist, bedeutet das nicht, dass es für jeden die Erfüllung bedeutet. Dazu kann man auch noch sagen, dass viele Menschen nicht nur zu ihrem Umfeld, sondern auch zu sich selbst unehrlich sind. Vielleicht ist die Person, die in eurem Umfeld immer absolut glücklich wirkt, in ihrem Inneren völlig verzweifelt. So etwas passiert, wenn wir einem Weg folgen, den ein anderer gegangen ist, dabei nicht dasselbe Glück empfinden, aber aus Sturheit oder Gewohnheit daran festhalten, weil wir nicht wissen, was wir sonst tun sollten.

Glücklich zu sein, ist ein Zustand, den jeder Mensch ganz für sich allein erreichen und definieren muss. Das kann weder ein Partner, noch ein Kind, ein Vorgesetzter, ein Elternteil oder die Gesellschaft uns abnehmen. Viele davon versuchen sogar, uns einzureden, was uns glücklich machen sollte. Insbesondere jene, die durch uns etwas gewinnen wollen, benutzen den Glücksbegriff sehr leichtfertig.

Am Ende muss jedoch jeder von uns den Weg zum Glück selbst finden. Das bedeutet, wir dürfen nicht auf andere hören, uns nicht von den Erfahrungen und Worten anderer irreführen lassen, denn das sind alles andere Menschen, die nicht dieselben Talente, Vorlieben, Träume und Erfahrungen haben, die uns selbst ausmachen. Deshalb ist deren Glück nicht unser Glück.

Okay ... aber wie finde ich denn dann heraus, was mich glücklich macht, wenn alles, was mir einfällt, nur Momentaufnahmen sind?

Jetzt kommen wir langsam zum interessanten Teil, nicht wahr?

Wie ihr vielleicht weiter vorne bemerkt habt, sind Momentaufnahmen sehr leicht als Lebenssinn zu werten. Immerhin sind es Dinge, die wir uns gerade am sehnlichsten wünschen. Leider sind die Dinge, die wir uns wünschen aber auch meist die Dinge, die wir noch nie hatten. Wir wünschen sie uns, weil wir sie bei anderen, die wir als glücklich vermuten, gesehen haben.

Nehmen wir nur mal ein Beispiel aus meinem Leben. Ich habe lange Zeit geglaubt, es würde mich glücklich machen, auf einer Insel in der Karibik zu leben. Sonne, Palmen, Seeluft, das Meer, Kokosnussdrinks ... was könnte schöner sein?

Nun, nachdem ich länger darüber nachgedacht habe und mehrmals im Ausland an Stränden war, muss ich sagen, dass ich gar nicht so gern auf einer Insel leben wollte. Man schwitzt die ganze Zeit, es gibt haufenweise Insekten, ich mag keinen Fisch, ins Wasser gehe ich auch nicht gerne, und barfuß im Sand zu laufen, tut mir meistens an den Sohlen weh.

Warum habe ich also gedacht, ein Leben am Strand wäre Glück pur?

Weil man es mir so verkauft hat. Werbung für Urlaube, Filme, Dokumentationen, soziale Medien - sie alle nutzen das Meer und Palmen als Symbole für Wohlstand, Freude, Reichtum und Glück.

Aber nur weil man am Strand ist, hat man deswegen noch keinen Traumkörper, den man gerne präsentiert. Man hat keinen Strandbuggy, mit dem man über die Dünen fahren kann, zumal das an den meisten Stränden verboten ist. Viele Strände sind völlig überfüllt und der Wind übertönt alles.

Wir werden sehr oft von den Medien oder anderen externen Quellen dazu hingeführt, bestimmte Dinge als wünschenswert anzusehen, die nüchtern betrachtet ebensoviele Nachteile haben, wie alles andere auch. Das funktioniert aber nur so lange, bis wir uns dessen bewusst werden.

Um nun auf die Frage zurückzukommen, wie man den Sinn des Lebens finden kann, sage ich: Es gibt keinen fest definierten Weg, der für uns alle funktioniert. Ich sage es ganz offen: Ja, das ist ziemlicher Mist. Es gibt allerdings ein paar Dinge, die man durchaus generell tun kann, um die Chance zu erhöhen, auf seinen Lebenssinn zu stoßen.

Zunächst einmal sollte man sich selbst reflektieren. Damit meine ich jetzt nicht zwangsläufig ständige Meditationen oder so etwas, wobei das auch sehr helfen kann.

Was ich mit Reflexion meine, ist, sich die eigenen Vorlieben, Abneigungen, Talente, Schwächen und Eigenarten ungefiltert vor Augen zu führen. Vielleicht notiert ihr sie, denn bei den meisten von uns sind das ziemlich viele.

Der nächste Schritt ist es, all diese Punkte, egal wie positiv oder negativ sie euch vorkommen, an euch zu akzeptieren.

Das sagst du so leicht, Klugscheißer.

Keine Sorge, ich konnte diese Art von nutzlosem Hinweis auch nie leiden. Was ich meine, ist, dass euch bewusst werden muss, dass eine Bewertung in *positiv* und *negativ* immer relativ ist. Diese Einteilung, besonders wenn es eine im Allgemeinen anerkannte Einteilung ist, basiert darauf, wie sehr sie gesellschaftlich akzeptiert ist. Es geht hier aber nicht um die Gesellschaft, sondern um euch und euer Glück. Was nutzt es euch, dass Wohltätigkeit in den Augen der Gesellschaft positiv bewertet und anerkannt ist, wenn ihr insgeheim keine Freude und keine Erfüllung dabei verspürt?

Am Ende eures Lebens als falscher Philantrop würden die Menschen euch in höchsten Tönen loben, aber die Jacht, die ihr euch immer ersehnt habt, weil ihr schon immer das Meer geliebt habt, seid ihr trotzdem nie gefahren. Die Weltreise, die ihr euer ganzes Leben lang machen wolltet, habt ihr trotzdem nie gemacht.

Versteht ihr, worauf ich hinauswill? Bei der Frage nach dem Glück und dem eigenen Sinn des Lebens geht es weder darum, gesellschaftlich anerkannt zu sein, noch geht es darum, irgendeiner Moral zu folgen, weil der Rest der Welt dieses Verhalten erwartet. Es geht darum, was ihr tief in eurem Inneren wirklich wollt und wer ihr seid. Genau deswegen sagen viele glückliche Menschen, dass sie zuerst durch die Hölle gehen mussten, eine Hölle aus Kritik, Anfeindungen und Hass, bevor sie ihr Glück gefunden haben.

Das liegt daran, dass viele Leute nicht reflektiert sind und alles und jeden verteufeln, der sich nicht nach der gesellschaftlichen Norm verhält. Diese Personen werden jedoch niemals ihr Glück finden, weil sie zu sehr von der Meinung anderer abhängig sind und in Angst leben.

Wichtig bei dieser Erkenntnis ist, dass es im Grunde bei der Frage nach dem Glück kein richtig oder falsch gibt, solange es anderen Menschen nicht schadet. Jemand, der behauptet, anderen zu schaden wäre sein Lebenssinn, verfolgt eigentlich ein anderes Ziel, dass er jedoch nicht richtig reflektiert hat. Anderen zu schaden ist nichts anderes als ein Werkzeug, um ein Ziel zu erreichen, jedoch ist es nie das einzige Werkzeug, das zur Verfügung steht.

Zurück zum Glück: Die meisten von uns schämen sich für ein paar der eigenen Charaktereigenschaften. Das liegt daran, dass wir selbst diese Eigenschaften bei anderen als negativ bewerten. Aber warum tun wir das? Weil die Gesellschaft es uns so beigebracht hat.

Nehmen wir das Beispiel Egoismus. Es ist allgemein verbreitet, dass ein Mensch, der sich egoistisch verhält, negativ zu betrachten ist. Was bedeutet das aber? Ist er als Mensch weniger wert? Ist er verachtenswert? Falls das nicht zutrifft, wieso verurteilen wir ihn dann?

Egoismus bedeutet lediglich, dass eine Person die eigenen Bedürfnisse über die aller anderen stellt. Bis zu einem gewissen Punkt ist das sogar gesund – solange es niemandem schadet.

Und hier kommt jetzt ein Zusatz, bei dem ich erneut betone, dass ich das vollkommen rational beschreibe und weder empfehle noch beschönige.

Ein Egoist, dessen persönliches Ziel es ist, sein eigenes Wohlergehen über das aller anderen zu stellen, wird sich das letzte Eis nehmen, auch wenn ein weinendes Kind es unbedingt haben wollte. Aus Sicht der Eltern und des Kindes ist er nun ein schlechter Mensch, aus seiner eigenen Sicht ist er glücklich, weil er seine eigenen Bedürfnisse befriedigt hat. Sein Verhalten war also gemessen an seinem Ziel zielführend. Ob es moralisch oder ethisch verwerflich ist, ändert nichts daran, dass der Egoist glücklich ist.

Ob man nun extrem handelt oder nicht, ist natürlich jedem selbst überlassen. Ich will nur darauf hinweisen, dass man sich bei der Suche nach dem eigenen Glück und Lebenssinn nicht durch gesellschaftliche Normen und Zwänge einschränken lassen darf.

Nehmen wir ein anderes Beispiel: Sagen wir, du bist ein absolut extrovertierter Mensch, der immer gern redet, sich in Gespräche einbringt und Witze erzählt.

In den Augen eines Introvertierten bist du dann eine Nervensäge, ein Großmaul, ein zu meidendes Individuum. Diese Person betrachtet deine Eigenschaften und soziale Kompetenz als negativ bzw. für sein Bedürfnis nach Abgeschiedenheit und Stille als nicht zielführend. Wenn es dir jedoch Freude bereitet, mit anderen Menschen zu kommunizieren, und dein Traum ist z.B. der Beruf des Moderators oder des Comedians, dann sind diese Eigenschaften für dich absolut zielführend.

Die Bewertung eines Charakterzuges, eines Talents oder einer Vorliebe/Abneigung ist immer davon abhängig, welche Ziele man selbst hat. Mir ist noch nie jemand begegnet, der an den Talenten, die er hat, keine Freude findet. Dinge, die uns liegen, machen uns Spaß, weil wir ein Erfolgsgefühl bekommen.

Analysieren wir das näher, wird klar, dass die Suche nach dem Lebenssinn durch die eigenen Vorlieben und Talente erleichtert wird. Es ist doch sehr viel wahrscheinlicher, dass der Sinn unseres Lebens in etwas liegt, dass wir gut können und gern tun, als etwas, dass wir hassen.

Die Reflexion unserer Persönlichkeit und unserer Eigenschaften und Attribute hilft also enorm dabei, eine grobe Richtung zum individuellen Lebenssinn zu finden.

Wenn ihr diesen Punkt erreicht habt, seid ihr schon weiter, als viele andere Menschen, die sich selbst dafür verachten, dass sie Eigenschaften haben, die die Gesellschaft als negativ bewertet. Sich selbst und seine Persönlichkeit als das zu akzeptieren, was man ist, steigert nicht nur den Selbstwert, sondern erleichtert auch unseren Lebensweg.

Der dritte und letzte Schritt ist der Knifflige. Sobald ihr euch selbst kennt und akzeptiert habt, ist der einzige Weg zum Lebenssinn, in die Welt hinauszugehen und all die Dinge auszuprobieren, die Spaß machen könnten.

Ich als introvertierter Mensch verstehe natürlich, dass gerade die ängstlichen Leute sich davor fürchten, Dinge auszuprobieren. Das Schöne ist aber, dass die Dinge, die ihr nicht tun möchtet, sehr wahrscheinlich nicht euer Lebenssinn sind. Allerdings gilt das nur dann, wenn ihr euch zu 100% sicher seid, dass ihr es nicht wollt. Wenn auch nur ein Prozent Neugier da ist, ob es nicht vielleicht doch interessant sein könnte, dann ist es eure Aufgabe, die Angst zu überwinden, die euch abhält.

Meist wissen wir aber instinktiv, welche Dinge uns wirklich Freude bereiten. Die Chancen stehen gut, dass eines oder sogar mehrere davon euch auf den Weg zu eurem persönlichen Lebenssinn führen. Und ich sage es nochmal ganz deutlich: Was der Rest der Welt darüber denkt, was euch glücklich macht, ist irrelevant. Nicht deren Glück steht hier auf dem Spiel, sondern eures.

Fragt euch immer eines: Wenn ich einmal auf dem Totenbett liege, werde ich dann bereuen, es nicht gemacht zu haben? Mit dieser Perspektive wird einem schnell klar, dass die Gesellschaft sich nicht für einen einzelnen Menschen interessiert. Warum also interessiert ihr euch dafür, was die Gesellschaft will? Wer Kritik an euren Handlungen übt, versteht sie schlicht nicht, denn er kennt weder euch noch euren Lebenssinn.

Was auch immer ihr tut – solange ihr gut mit euch selbst und euren Handlungen leben könnt, werdet ihr am Ende nichts bereuen.

Der Psychologe Robert Kegan hat die 5-Stufen-Theorie aufgestellt, die die geistige menschliche Entwicklung beschreibt. Ich finde diese Theorie sehr anschaulich und würde sie gern mit euch teilen. Die Grundannahme der Theorie besagt, dass jeder Mensch sich selbst mit zwei Dingen identifiziert: Ich bin (auch Subjekt genannt) und ich habe (auch Objekt genannt). Je älter wir werden, desto mehr unserer Persönlichkeit wird vom Subjekt zum Objekt. Während wir als Kinder und Jugendliche z.B. noch sagen: »Ich bin katholisch«, erkennen wir im Laufe der Zeit, dass uns das nicht ausmacht. Wir *sind* nicht katholisch, sondern wir *haben* den katholischen Glauben, aber wir sind noch weit mehr als das. Diese Erkenntnis, was wir sind, verändert sich mit der Zeit und den Stufen, je mehr wir uns selbst reflektieren. Es ist vergleichbar mit der buddhistischen Lehre der Abkopplung unseres Seins von Gedanken, Ideen und Glauben. Je mehr wir all diese Dinge als solche erkennen und realisieren, dass sie zwar zu uns gehören, aber nicht unsere Identität ausmachen, desto näher kommen wir dem Selbstverständnis und dem Sinn des Lebens.

Kommen wir zurück auf Kegans 5 Stufen:

1. Die erste Stufe nennt er den *Impulsiven Geist*. Das ist der geistige Zustand, den wir als Kleinkinder haben, wo wir allein von unseren inneren Impulsen gesteuert werden.

2. Die zweite Stufe findet zwischen dem sechsten Lebensjahr und der Pubertät statt und nennt sich *Imperialer Geist*. Wir identifizieren uns durch unsere Bedürfnisse und betrachten andere Menschen lediglich als Werkzeuge, um diese zu befriedigen. Etwa 6% der Menschen behalten diese Stufe auch im Erwachsenenalter bei. Diese Menschen interessiert es sehr, wie andere sie wahrnehmen und fürchten die Konsequenzen ihrer Handlungen, weshalb sie blind folgen.

3. Die meisten Erwachsenen (etwa 58% der Menschen) befinden sich auf Stufe 3, dem *Sozialisierten Geist*. Hier wechselt der Fokus der Menschen von sich selbst auf ihr Umfeld. Es ist ihnen wichtig, die Ideen, Normen und Ansichten der Gesellschaft und ihres Umfelds zu unterstützen und selbst zu vertreten. Das Verhalten anderer einer Person gegenüber wird interpretiert und in das eigene Selbstbild integriert. Z.B. führt die Befürchtung, dass andere einen als dumm ansehen, zu der Überzeugung, dumm zu sein. Zudem machen wir uns für Dinge verantwortlich, über die wir keine Kontrolle haben. Der Fokus liegt sehr stark auf anderen Leuten.

Diese Stufe ist genau das, was ich bereits mehrfach beschrieben habe. Zu viele Menschen definieren sich selbst über andere, was kein zielführendes Verhalten auf dem Weg zum persönlichen Glück ist.

4. Der *Selbstverfassende Geist*. Nur etwa 35% der Menschen erreicht dieses Stadium des Seins. Hier beginnen wir, selbst zu definieren, wer wir sind, unabhängig von anderen Personen und externen Einflüssen. Wir realisieren, dass die allgemeine Meinung nicht unsere sein muss.

Wir sind individuelle Persönlichkeiten und wir können selbst entscheiden, wofür wir stehen wollen. Auf dieser Stufe beginnt kritisches Denken, sodass wir Dinge hinterfragen, für unsere Meinung einstehen und unabhängig denken und handeln können. Wir realisieren, dass wir uns weiterentwickeln und stetig verändern und können das akzeptieren.

5. Nur etwa 1% der Menschheit erreicht Stufe 5, den *transformierenden, bzw. verbundenen Geist*. Hier verbinden sich die Akzeptanz externer Einflüsse und unsere internen Gedanken dazu. Der Mensch ist nicht mehr an eine Identität oder Rolle gebunden, sondern er ist einfach und akzeptiert seine stetige Veränderung. Es entspricht dem buddhistischen Konzept des sich entwickelnden Selbst, das sich in einem Zustand stetiger Veränderung befindet. Diese Stufe erlaubt es uns, nicht nur die Gesellschaft und unser Umfeld, sondern auch uns selbst zu hinterfragen. Wir akzeptieren, nicht alles zu wissen, und sind dadurch offen für neue Dinge und Sichtweisen. Wir können uns diesen anpassen. Menschen auf Stufe 5 können alles aus verschiedenen Perspektiven betrachten und sie alle akzeptieren.

Ich persönlich definiere das als die Fähigkeit zum absolut rationalen, emotionsfreien Denken. Selbst ich bin dort noch nicht angekommen, aber es ist ein gutes Ziel.

Diese Stufentheorie zeigt nicht nur die klare Nähe zwischen Buddhismus und Wissenschaft. Sie zeigt auch auf, dass unser Sinn des Lebens erst dann für uns erkennbar wird, wenn wir die externen Abhängigkeiten der dritten Stufe hinter uns lassen können. Man muss nicht unbedingt Stufe 5 erreichen, um sein Glück zu finden, aber solange man sich nicht von den gedanklichen Zwängen seines Umfelds befreit, ist man nicht frei, sich zu entfalten.

Das ist ja alles interessant, aber wie genau erreichen wir denn die nächste Stufe und finden unseren Lebenssinn?

Laut Kegan ist der wichtigste Schritt zur vierten Stufe das Hinterfragen. Man muss sich selbst von außen als Objekt betrachten können, das man verstehen kann. Man muss sich fragen: Was weiß ich? Woher weiß ich das? Wer bin ich? Wie möchte ich mit anderen Menschen interagieren und Beziehungen führen?

Die Autorin Marcia B. Baxter Magolda hat Kernelemente definiert, wie man in Richtung dieser vierten Stufe kommt.

1. Der erste Schritt ist das Kultivieren der inneren Stimme. Das bedeutet, dass wir nicht mehr fragen, was andere denken, sondern stattdessen klar feststellen, was wir selbst denken. Dazu gehören Dinge wie Neugier, Reflexion und Aufgeschlossenheit.

Dabei geht es darum, dass die wenigsten Menschen ihre eigenen Gedanken und Werte aktiv hinterfragen und durchdenken. Wir fragen uns nur selten, warum wir eine bestimmte Meinung vertreten. Ebenso selten fragen wir uns selbst, was wir eigentlich wollen. Dabei geht es nicht darum, was andere von uns wollen oder uns aufbürden. Bei diesen Überlegungen geht es um klar definierte Ziele, keine groben Richtungen. Je messbarer, desto besser. Auch die Frage nach der inneren Motivation ist hilfreich, nicht nur für den eigenen Lebenssinn, sondern auch für das Selbstverständnis.

2. Der zweite Schritt ist es, nach den im vorigen Schritt definierten Werten und Ansichten zu leben und Entscheidungen in ihrem Sinne zu treffen. Es geht darum, die eigenen Handlungen nach unseren Zielen auszurichten, was vielen Menschen schwerfällt.

Ein klassisches Beispiel: Ich versuche ständig, meine Fitness zu erhöhen und mich gesünder und besser zu fühlen. Dennoch kaufe ich immer wieder Süßkram und ärgere mich dann.

Diese beiden Schritte klingen zwar einfach, sind aber alles andere als das. Es erfordert viel Zeit und Übung, um über sich selbst hinauszuwachsen.

Wer Stufe 5 erreichen will, muss zudem noch lernen, rational und mit offenem Geist zu denken. Nichts auf der Welt ist schwarz oder weiß, alles ist relativ, denn es gibt keine ultimative Wahrheit. Wir sollten alles hinterfragen, auch uns selbst. Menschen sind keine fixen Objekte, die unveränderbar sind. Nur durch stetiges Fragen, Reflektieren und Anpassen entwickeln wir uns weiter. Je besser wir verschiedene Blickwinkel verstehen und sie alle akzeptieren oder sogar für wahr halten können, desto näher kommen wir uns selbst. Es ist wichtig, kritische, rationale Gespräche zu führen und Sichtweisen anderer Menschen nachzuvollziehen und diese in unser Verständnis einzubeziehen.

Techniken wie Meditation oder Sport erlauben es uns mit einiger Übung, für kurze Momente unser körperliches Selbst auszublenden und einfach nur noch zu sein. Auch solche Erfahrungen helfen dabei, das Leben und unseren Platz darin besser zu verstehen.

04

Erbsünde

Im vergangenen Kapitel haben wir viel über Glück geredet, aber nicht so ganz klar definiert, was das eigentlich bedeutet.

Ich erleuchte euch jetzt mit meiner ganz persönlichen Definition von Glück:

»Glück ist es, wenn es nichts im Leben gibt, was man noch ändern möchte.« – Der weise Kevin von Groh, 2021.

Aber Spaß beiseite – wie definiert ihr wahres Glücklichsein? Wart ihr schonmal wirklich glücklich? Wenn ihr nach acht Stunden stehen endlich aufs Sofa fallen könnt. Wenn ihr den ganzen Tag Hunger hattet und dann endlich eine Pizza vor euch steht. Wenn ihr seit einer Stunde aufs Klo müsst und dann... ihr wisst, was ich meine.

Das sind kleine Glücksmomente. Sie werden entweder von Glückshormonen ausgelöst, weil etwas besonders positiv ist, oder sie entstehen durch das Befriedigen eines Bedürfnisses bzw. das Wegfallen eines Störfaktors. Das lässt sich auf die beiden grundlegendsten Bedürfnisse des Menschen zurückführen: Glück maximieren und Leid vermeiden.

Dann gibt es noch länger anhaltende Glücksmomente. Das sind Dinge wie der Umzug in ein neues Haus, das Erreichen von Schuldenfreiheit, der Eintritt in die Selbstständigkeit, eine Heirat, die Geburt eines Kindes, etc. Solche Dinge machen uns über längere Zeiträume glücklich.

Das liegt entweder daran, weil etwas neu ist und wir eine positive Erwartungshaltung einnehmen, oder weil ein bestimmter Umstand uns so sehr freut, dass wir all die negativen Faktoren zeitweise ausblenden.

Auch diese Dinge verblassen mit der Zeit und die negativen Aspekte treten wieder stärker hervor. Das ist völlig normal und tritt beinahe immer irgendwann ein.

Allerdings nur, wenn es sich nicht um den Sinn des Lebens handelt.

Wer seine wahre Erfüllung gefunden hat, wird dieses Abflauen anders wahrnehmen. Natürlich wird auch jemand, der seinen Traum lebt, weiterhin Probleme und negative Momente haben, aber auf lange Sicht kehrt das Glücksgefühl immer wieder zurück. Die Motivation und Freude gehen trotz gelegentlicher Aussetzer nie verloren und kommen immer wieder. Man nimmt die unangenehmeren Dinge als notwendig hin, freut sich aber stets auf all die erfreulichen Aussichten.

Man kann sich abends zurücklehnen, tief durchatmen und die Worte sagen: Genau so soll es sein.

Diesen Punkt zu erreichen, gelingt den wenigsten Menschen in ihrem Leben, was sehr traurig ist. Ich komme in späteren Kapiteln auf konkretere Gründe zu sprechen, warum das so ist, aber der eine Hauptgrund, der wirklich in 98% aller Fälle für Unzufriedenheit und Probleme verantwortlich ist, macht es für uns so schwer, dieses Ziel zu erreichen und zu halten.

Dieser Grund ist das, was ich die Erbsünde nenne.

Sofern ihr dieses Buch noch nicht als Unsinn bezeichnet und in die Ecke geworfen habt, werdet ihr euch jetzt fragen, wieso ein nicht-religiöser Pseudo-Gelehrter wie ich hier einen Bibelbegriff verwendet.

Ich finde den Begriff der Erbsünde sehr treffend. In der Bibel geht es ja darum, dass wir alle von Geburt an Sünder sind, nur weil wir die Nachkommen von Adam und Eva sind, die damals Lust auf Obst und keine Angst vor Schlangen hatten.

Was ich aus dieser Geschichte mitgenommen habe, kann ich jedoch ohne Zögern unterschreiben. Es gibt tatsächlich eine Erbsünde, eine Eigenschaft in der Natur des Menschen, die bis heute der ultimative Grund ist, wieso wir nicht alle glücklich sein können. Ein einziges Wort:

Gier

Gier ist die Erbsünde der Menschheit, in all ihren Formen. Sei es Habgier, Machtgier, Neugier, Eifersucht, Neid – es läuft alles darauf hinaus, dass wir unfähig zur Zufriedenheit sind.

Falls ihr es nicht bemerkt habt, ich habe das Wort Gier ein wenig hervorgehoben, um subtil zu verdeutlichen, dass es sich als roter Faden durch dieses Buch ziehen wird.

Die Kernfrage ist doch: Wenn unser Lebenssinn darin besteht, glücklich zu sein, warum sind wir dann gierig? Ganz einfach, weil Gier ganz leicht mit Glück verwechselt werden kann.

Das fing bereits in der Steinzeit an. Ich werde übrigens noch mehrfach auf die Steinzeit eingehen, weil das ziemlich wichtig ist.

Als wir noch alle Aga Aga hießen, mit Lendenschurz und Steinen bewaffnet Mammuts jagten und in Stämmen lebten, haben wir gelernt, dass mehr Fleisch, mehr Holz, mehr Höhlen – mehr von allem - am Ende eine höhere Überlebenschance bedeuteten.

In unserer genetischen Programmierung ist fest verankert, dass Mangel zum Tod führt. Allerdings geht unsere Gier weit über das bloße Überleben hinaus. Sie ist so stark ausgeprägt, dass wir sogar anderen und uns selbst schaden, um sie zu befriedigen. Das Problem ist nur, dass man Gier niemals befriedigen kann. Es wird immer mehr, weiter, höher, besser geben.

Wenn wir etwas Neues bekommen, sei es ein materieller Gegenstand, Liebe, Freude, oder was auch immer, dann schüttet unser Belohnungszentrum im Hirn ein Hormon aus, dass uns Glück empfinden lässt. Das führt zu dem Trugschluss, dass mehr automatisch immer auch mehr Glücksgefühle bedeutet. Wir messen Glück immer öfter in Quantität, nicht Qualität.

Tatsächlich spricht das Hirn aber wie bei allem bei häufiger Wiederholung eines Stimulus immer langsamer darauf an. Schmerztoleranz ist ein gutes Beispiel dafür. Dasselbe gilt für Glück. Gewinnen wir eine Million im Lotto, sind wir zunächst extrem glücklich. Passiert uns das aber zehn Mal, zucken wir irgendwann kaum noch mit der Wimper. Wenn wir unser Glück also von materiellem Gewinn abhängig machen, wird uns irgendwann trotz Erfolg kein Geldbetrag mehr glücklich machen können. Dasselbe gilt für Macht, Wissen und jede andere Form der Gierbefriedigung.

Selbst jene, die das bemerken, halten an ihrem Denkmuster fest und glauben, dass sie einfach nur noch viel mehr anhäufen müssen, damit das Glück zuruckkommt, auch wenn sie dafür anderen schaden müssen. Genau dort liegt der Kern des Ungleichgewichts auf unserer Welt. Jene, die bereits alles haben, sind unglücklich. Sie versuchen, auf Kosten der Menschheit noch mehr zu erreichen, mehr Geld und Macht, in der Hoffnung, Erfüllung zu finden. Dabei müssten sie lediglich in sich selbst hineinhorchen. Sie würden merken, dass all der Reichtum und die Macht sie nicht glücklich machen, weil es nicht ihr Lebenssinn ist.

Vielleicht hätten sie als mittellose Musiker ein viel glücklicheres Leben, weil eigentlich Musik ihre Passion ist. Oder aber sie würden eigentlich am liebsten mit dem Motorrad durch Amerika fahren und als Biker leben, oder als Zoologe oder als Altenpfleger.

Diese Menschen sind aufgrund des Systems, in dem wir leben, mit der Überzeugung aufgewachsen, dass Geld und Macht gleichbedeutend mit Glück sind. Viele erfolgreiche Persönlichkeiten werden drogenabhängig, depressiv oder nehmen sich das Leben. Das ist ein klares Zeichen, dass sie ihren Weg verloren haben, weil die eigene Gier oder die Gier anderer sie davon abgebracht hat. Geld ist alles. Diesen Glaubenssatz haben diese Leute so sehr verinnerlicht, dass sie nicht mehr in der Lage sind, ihr eigenes Leben zu hinterfragen.

Nun könnte man meinen, ich halte alle gierigen Menschen für schlecht oder böse, aber wie ich zu Anfang sagte, bin ich absolut rational. Gier ist von Natur aus ein Teil von uns. Aber wie bei allen Charaktereigenschaften kann sie entweder gefördert und verstärkt werden, oder sie kann akzeptiert und berücksichtigt werden.

Unser heutiges System, und damit meine ich jedes Land auf der Welt, hat sich so entwickelt, dass sich alles nur um Geld dreht. Geld ist der Dreh- und Angelpunkt unserer Gesellschaft. Geld kann alles erreichen und es ist heutzutage gleichbedeutend mit Glück, was völliger Unsinn ist.

Wer jetzt glaubt, ich fände Geld schlecht, irrt sich allerdings. Wie immer, betrachte ich auch Geld rational. Was genau ist Geld eigentlich?

In frühen Tagen gab es kein Geld, sondern jeder Mensch folgte einer von drei Dingen: seinen Vorlieben/Talenten, den Wünschen seiner Eltern oder den Zwängen der Gesellschaft bzw. der Notwendigkeit. Man wurde Bauer, Schmied, Gerber, was auch immer, weil man es entweder gut konnte, Freude daran hatte, oder von Familie oder Umständen dazu gezwungen wurde.

Mit den Erzeugnissen der eigenen Arbeit konnte man dann die lebensnotwendigen Güter, die andere herstellten, gegen seine eigenen eintauschen. So hatten die meisten Menschen alles, was sie zum Leben brauchten. Nicht jeder auf der Welt ist jedoch dazu bestimmt, ein Werkzeug zu führen. Dichter und Denker wurden zu Anfang mit Essen und anderen Dingen bezahlt, doch je mehr Tätigkeiten des Geistes es gab, desto mehr Leute hatten in schweren Zeiten nichts zum Eintauschen.

Oder aber der Bauer, dessen Milch man dringend brauchte, wollte die eigenen Erzeugnisse nicht haben. Wie sollte man also an die Milch kommen?

Geld wurde als universelles Tauschmittel erfunden, damit jeder die Erzeugnisse einkaufen konnte, die er brauchte, ohne auf den individuellen Bedarf eines anderen angewiesen zu sein. Indem man aber Geld unbegrenzt haltbar machte, entstand dadurch aufgrund unserer gierigen Natur auch das Konzept des Reichtums. Das war der Anfang vom Ende. Menschen mit organisatorischem Talent und ohne moralisches Selbstverständnis nutzten ihre Fähigkeiten, um immer mehr Geld zu horten und so Abhängigkeiten zu schaffen, wo zuvor keine waren.

Dadurch kam ein zweites Problem auf: Macht. Einst waren es nur die Götter, die über Macht verfügten. Als die Menschen aber merkten, dass auch Reichtum und die Aussicht darauf Macht über Mitmenschen verlieh, befeuerte das die bestehende Gier. Dieses Grundkonzept hat sich so extrem verstärkt und artete so heftig aus, dass wir heute in einer Welt leben, in der wir für Geld fast alles tun würden. Von dem Tauschgeschäft, der gegenseitigen Hilfe, um ein besseres Leben für alle zu ermöglichen, ist nichts mehr übrig geblieben.

Ihr seht also, dass Geld an sich ein sehr nützliches Mittel ist, damit alle die gleichen Möglichkeiten haben. Wir haben es jedoch zu etwas gemacht, um uns über andere zu erheben.

Heute leben wir ganz selbstverständlich mit dem Gedanken, dass Geld lebensnotwendig ist, sodass wir instinktiv wie in der Steinzeit fürchten, dass ein Mangel zum Tod führt. In manchen Ländern mag das tatsächlich so sein, aber generell leben wir in einer Zeit des Überflusses und es gibt viele Menschen, die bereit sind, anderen zu helfen.

Dennoch glauben die meisten Leute, dass Geld Glück bedeutet. Das stimmt aber nicht. Geld geht meist mit mehr Sorgen und Verpflichtungen einher. Je mehr man besitzt, desto mehr fürchtet man, es wieder zu verlieren. Was Geld in der heutigen Zeit wirklich bedeutet, ist Freiheit.

In einer Welt, in der man mit Geld alles erreichen kann, bedeutet der Besitz von Geld, dass man alles tun kann. Doch wie eingangs erwähnt, sind selbst die reichsten Menschen auf der Welt nicht deswegen automatisch glücklich oder frei.

Die Gier nach mehr lässt insbesondere mächtige und reiche Menschen sehr viel arbeiten, weil sie mehr wollen und den Verlust ihres Überflusses fürchten. Sie nutzen ihre Freiheit nicht, um ihr Glück zu finden, sondern arbeiten bis zum Tod. Warum sonst sind die meisten einflussreichen Männer und Frauen der Welt eigentlich bereits im Rentenalter?

Würden sie ihrem Lebenssinn folgen und ihre letzten Jahre glücklich verbringen wollen, würden die wenigsten ihre verbleibende Zeit im Anzug in Besprechungsräumen verbringen.

Mit Geld alles kaufen zu können, bedeutet nicht, dass man auch alles braucht. Nur weil ich das Geld habe, mir eine Jacht mit Hubschrauberlandeplatz zu kaufen, bedeutet das ja nicht automatisch, dass ich nicht mehr seekrank werde. Nur weil ich mir den teuersten Wein der Welt leisten kann, muss ich noch lange keinen Alkohol mögen.

Die meisten Menschen hoffen darauf, in ihrem Leben zu Reichtum zu kommen, machen sich aber keine Gedanken darum, was sie damit machen würden. Sicher, ein tolles Haus, ein paar schnelle Autos und ein Haufen anderer Kram sind toll, aber wenn man das dann alles hat, was dann? Ist man dann zufrieden oder glücklich? Ich behaupte nein.

Die Frage ist also nicht, was man tun würde, wenn man unbegrenzt Geld hätte. Die Frage ist, was man tun würde, wenn man die Freiheit hat, selbst zu entscheiden.

Ich gebe zu, ich habe mich oft gefragt, weshalb so viele Menschen denken, Geld, Autos, Urlaube und generell teure Dinge seien mit Glück gleichzusetzen.

Mit der Zeit wurde mir klar, dass es eigentlich ganz deutlich ist. Wir werden jeden einzelnen Tag unseres Lebens mit einer zunehmend überwältigenden Menge an Werbung bombardiert. Im Internet, auf Plakaten, in Supermärkten, dem Fernsehen, selbst im Radio auf dem Weg zur Arbeit. Wo man auch hinsieht, versprechen uns Werbebotschaften mithilfe von Slogans, bunten Farben, Melodien und Bildern, dass wir beim Kauf eines Produktes glücklicher sein werden.

Und das funktioniert auch ganz hervorragend. Bereits Kinder werden von klein auf an diese Art der psychologischen Manipulation gewöhnt, mit der Werbetreibende uns zum Kauf verleiten wollen.

Daher ist es doch ganz selbstverständlich, dass uns TV, Internet und Medien immer wieder vor Augen halten, dass Luxus wie teure Autos, Villen und Markenkleidung glücklich machen. Damit verdienen sie das meiste Geld an uns und wir wundern uns dann, wieso das versprochene Glück ausbleibt, wenn wir erst die Designerschuhe an den Füßen haben. Und weil ja alle immer behaupten, dass das im Leben das Wichtigste ist, muss es ganz eindeutig noch zu wenig sein, was wir uns geleistet haben.

Wer von uns hat sich noch nicht irgendwann von einer bunten Werbung blenden lassen und sich insgeheim später geärgert, so viel Geld rausgeworfen zu haben? Ich habe das schon oft getan.

Unser Verstand wird so stark von externen Impulsen beeinflusst, die uns vorgeben wollen, wie Glücklichsein auszusehen hat, dass wir verlernt haben, in uns selbst nach dieser Antwort zu suchen.

Wenn wir allerdings darauf achten, teilt uns unser Körper häufig mit, was der Kopf übersieht. Das Ausbleiben der Freude, die wiederkehrende Skepsis und das Verlangen nach Pausen, Ruhe und Spaß sind klare

Signale, die uns zurück auf den Weg zu unserem Lebenssinn führen wollen. Wir müssen es nur wahrnehmen und zulassen.

Warum also handeln so viele Menschen entgegen ihren eigentlichen Bedürfnissen, obwohl diese bei genauerer Betrachtung doch offensichtlich sein müssten? Weil wir gefangen sind. Gefangen in einem immer wiederkehrenden Netz aus Stimuli. Jeden Tag wird unser Geist mit Werbung, Arbeit, Sorgen, Aufgaben und Problemen belastet, die uns davon ablenken und daran hindern, die nötige Ruhe zu finden. Jede ruhige Minute verbringen wir damit, im Internet zu surfen und uns freiwillig noch mehr Werbung auszusetzen.

Zudem kommen durch die sozialen Medien nun auch noch sogenannte Influencer dazu, die ihre Inhalte auf unterhaltsame Weise präsentieren und uns damit noch mehr davon ablenken, uns auf uns selbst zu konzentrieren. Dabei verpacken sie in ihren Posts und Beiträgen Werbebotschaften, während bereits die Berufsbezeichnung deutlich aussagt, dass diese Menschen nichts anderes tun, als uns aktiv zu beeinflussen.

Da unser Geist aufgrund der Dauerbelastung nach jeder Art von Pause und Zerstreuung sucht, nehmen viele von uns diese Beeinflussung in Kauf, solange wir einen Moment aus unserer eigenen Haut schlüpfen können.

Wenn wir ganz ehrlich sind, haben die meisten Menschen verlernt, nichts zu tun und mit sich und ihren Gedanken allein zu sein. Ohne dauerhafte Beschallung durch TV, Radio oder das Smartphone werden wir rastlos und suchen Beschäftigung. Es fühlt sich ungewohnt für uns an, einfach nur dazusitzen und dem Kopf eine Pause zu gönnen. Wir kommen nicht dazu, über uns selbst und die Welt um uns herum aktiv nachzudenken, Dinge zu hinterfragen, eine eigene Meinung zu bilden, die nicht durch Medien beeinflusst wurde. Die Fähigkeit, anstelle des Internets eigenständig Überlegungen anzustellen, ist uns durch die permanente Präsenz der Medien genommen worden.

Die Menschen hinter den Medien, sozialen Medien und allen Kanälen, die wir tagtäglich nutzen, haben nur ein Ziel: Uns so lange und konstant auf ihren Plattformen zu halten, wie nur möglich.

Auch wir selbst sorgen dafür, dass wir beeinflusst werden. Warum nutzen wir so gern soziale Medien? Weil wir durch sie sehen können, was andere Menschen tun. Seit den Tagen der Steinzeit sind wir Rudeltiere und konnten nur in der Gruppe überleben. Um also unser Überleben zu sichern, haben wir uns angewöhnt, auf unsere Mitmenschen zu achten und uns mit ihnen zu vergleichen. Ganz klar: Wenn ein sehr muskulöser Mann viele Frauen anzieht und dabei noch gesund und glücklich wirkt, dann vergleichen sich andere Männer automatisch mit ihm. Allerdings zieht man bei Vergleichen immer den Kürzeren, wenn man den Vergleich aus dem eigenen, fehlenden Glück heraus anstellt, weil unser Gehirn automatisch Unterschiede erkennt und sie als unsere Defizite definiert.

Unterbewusst suchen wir bei anderen Menschen nach Hinweisen, ob und weshalb diese glücklich sind. Sind sie besser in etwas als wir? Sehen sie besser aus? Sind sie sportlicher, wohlhabender, charismatischer? Im Grunde fragen wir uns, was diese Person hat, was wir nicht haben. Eine solche Frage kann nur eine unangenehme Antwort hervorbringen. Wer seinen Lebenssinn und sein Selbstbewusstsein nicht gefunden hat, sucht über Vergleiche nach Antworten, nach einer Art Führung. Anstatt jedoch in uns selbst zu suchen und zu überlegen, welche Stärken wir haben, lassen wir uns durch solche Vergleiche wieder in eine falsche Richtung lenken und fühlen uns schlecht. Wir ärgern uns über unsere Schwächen, anstatt uns auf unsere Stärken zu konzentrieren. Wir versuchen, das vermeintliche Glück eines anderen nachzuahmen, obwohl wir nicht einmal wissen können, ob unsere Vorbilder überhaupt glücklich sind.

Es ist ein natürliches Verhalten, dass wir unseren Blick nach außen richten, um Antworten zu finden. Doch das eigene Glück kann aufgrund seiner individuellen Natur nicht in der Außenwelt gefunden werden, sondern nur in uns selbst. Es fühlt sich seltsam an, das zu versuchen, das gebe ich gern zu. Es spricht natürlich nichts dagegen, sich Eindrücke und Ideen von anderen Menschen zu holen, aber dabei dürfen wir nie vergessen, dass es kein Vergleich werden darf.

Jeder Mensch hat völlig einzigartige Voraussetzungen und dessen Errungenschaften oder Attribute, Reichtum oder Erfolg können unmöglich mit uns verglichen werden. Selbst wenn wir die exakt selben Schritte gingen, wie diese Person, könnte das gänzlich andere Ergebnisse hervorbringen. Es nutzt also nichts, Vergleiche anzustellen, da wir uns so nur mehr falsche Vorstellungen von Glück aneignen. Zudem ist es die Quelle einer der bekanntesten Formen der Gier: Neid.

Je häufiger wir uns mit anderen vergleichen, die vermeintlich mehr haben als wir, desto stärker verspüren wir Neid. Es ist ein Gefühl der Ungerechtigkeit, das jedoch trügerisch ist, da wir meist nicht wissen, was ein Mensch durchmachen musste, um seine aktuelle Situation zu erreichen. Anstatt also die Gelegenheit zu nutzen, von dieser in unseren Augen überlegenen Person zu lernen, wie sie es geschafft hat, etwas zu erreichen, empfinden viele von uns Abneigung. Wir urteilen aus einer Position der Selbstabwertung heraus, weil wir uns dafür verachten, nicht die Stärke oder Intelligenz zu haben, die dieser Mensch scheinbar hat. Das Ergebnis ist eine Abneigung aus Trotz. Um unseren Selbstwert zu schützen, lehnen wir die andere Person ab und vermeiden es, darüber nachzudenken.

Ihr seht also, dass Neid zwar aus der Suche nach Glück hervorgeht, aber letztlich in eine gänzlich andere Richtung führt, die uns unseren Zielen nicht näherbringt, sondern dafür sorgt, dass wir uns für fehlende Dinge schlecht fühlen, die wir gar nicht brauchen.

Dieses Wissen nutzen Werbetreibende gezielt aus. Jeder Mensch verfolgt diverse Ziele im Leben. Kaum jemand, der nicht dazu gezwungen wird, handelt bewusst und aktiv entgegen seinen Zielen und Werten. Um die Leute also dazu zu bewegen, ein bestimmtes Produkt zu kaufen, versucht man nicht mehr, dessen Handlungen zu beeinflussen. Man beeinflusst gezielt die Wahrnehmung von Werten und definiert dadurch die Ziele neu, sodass die Handlungen ganz von selbst in die gewünschte Richtung umschwenken.

Das gilt nicht nur im Bereich des Marketings und der Wirtschaft. Es ist auch ein Werkzeug der Politik. Die Medien sind das wohl mächtigste Werkzeug der heutigen Zeit, denn kaum jemand macht sich heute noch die Mühe, selbst über etwas nachzudenken. Das erledigt das Smartphone für uns. Jene, die also die Inhalte unserer sozialen Medien kontrollieren, die Medien kontrollieren, die wir jeden Tag und teilweise sogar unbewusst konsumieren, beeinflussen ganz subtil unsere Wahrnehmung der Welt. Dadurch verändern sich, ohne dass wir es bemerken, unsere

Werte, Ansichten und Ziele. Es ist eine Steuerung der Masse – und der Grund für all das ist die Gier.

Geld und Macht sind die Ziele derer, die sonst alles haben. Sie wollen mehr, bis sie endlich das Glück finden, dass sie auf diesem Weg nie erreichen werden. Wenn man also zugrunde legt, dass die reichsten und mächtigsten Menschen der Welt immer mehr anhäufen wollen, um vergeblich nach ihrer Erfüllung zu suchen, ist es gar nicht weit hergeholt, dass diese Personen uns im Namen dieser Gier irgendwann auch schaden würden. Das bedeutet nicht, dass sie schlechte Menschen sind, aber Gier ist wie Hunger, der immer stärker wird, bis man irgendwann alles tun würde, um ihn zu stillen.

Kriege, Armut und die meisten systematischen Ungerechtigkeiten sind nichts anderes als der Versuch der Mächtigen, durch die Kontrolle der Masse und des Geldes so viel anzuhäufen, dass sie wieder Glück spüren können.

Das mag für einige von euch weit hergeholt klingen, das ist mir bewusst. Aber wenn man sich die Geschichte anschaut, den Aufstieg und Fall ganzer Reiche, nur aufgrund der Machtgier einzelner Personen, ist das heutige skrupellose Verhalten von Geschäftsführern diverser Weltkonzerne keine große Überraschung.

Und bevor jetzt einer an das Wort Verschwörungstheorie denkt – die Existenz diverser Logen und Geheimbünde ist historisch belegt. Es ist keine Neuheit, dass kleine Gruppen einflussreicher Individuen den Verlauf der Welt zu lenken versuchen. Die Frage ist nicht, ob es so etwas gibt, sondern, welche Ziele diese Menschen im Sinn haben. In den meisten Fällen ist es eine Form der Gier, was niemals gut für die Welt ist.

05

Emotionen und Bedürfnisse

Nun haben wir ziemlich ausgiebig über Glück und seine Bedeutung gesprochen. Nun möchte ich mich einem Thema zuwenden, das uns dabei hilft, das Verhalten der Menschen noch besser zu verstehen.

Ich gebe zu, dass ich selbst lange Zeit Probleme hatte, diese Zusammenhänge zu erkennen.

Du willst uns weismachen, du kennst die wahren Ursprünge menschlichen Verhaltens?

Nein, absolut nicht. Aber ich habe eine These, die ich mit euch teilen möchte.

Ich habe seit langer Zeit ein Selbstwertproblem und soziale Kompetenzschwierigkeiten. Deshalb habe ich eine Therapie in Anspruch genommen, um mich selbst und andere besser zu verstehen. Wie ihr euch vielleicht denken könnt, war der einzige Weg, der bei mir funktionierte, die rational logische Annäherung daran, wie das Verhalten einer Person sich begründet. Diese Erkenntnisse möchte ich gern mit euch teilen.

Die erste Weisheit, die mir vermittelt wurde, ist die, die ich schon immer vertreten habe. Damit etwas funktionieren kann, müssen wir es zuerst verstehen und dann kritisch prüfen, ob es für uns passt. Nur wenn wir an etwas glauben, kann es auch funktionieren.

Wir leben heute in einer Welt der Technologie, des Überflusses und der Wissenschaft. Gerade in Deutschland haben wir sogar einen Sozialstaat, der uns im Notfall unter die Arme greift. Allerdings funktionieren unsere Gehirne zum Teil noch heute genauso wie in der Steinzeit.

Das menschliche Gehirn besteht aus mehreren Teilen, wobei der älteste Teil der sogenannte Hirnstamm, auch Reptiliengehirn genannt, ist. Dieser Teil unseres Gehirns enthält die grundlegenden Instinkte und Verhaltensweisen, die unser Überleben sichern sollen. Das sind Dinge wie der Kampf/Flucht/Starre-Reflex, Atmung oder auch der Fortpflanzungstrieb.

Obwohl sich unser Umfeld und die Gegebenheiten stark verändert haben, arbeitet die Evolution unfassbar langsam, sodass viele unserer damaligen Triebe unverändert geblieben sind.

Die grundlegendsten Faktoren unseres Lebens nennen wir Bedürfnisse. In der Psychologie unterscheidet man 5 Grundbedürfnisse:

- Selbstwert

- Bindung (Beziehungen zu anderen Menschen)

- Sinn & Orientierung (Sinn des Lebens, Ziele)

- Wirksamkeit & Autonomie (Unabhängigkeit, Selbstwirksamkeit)

- Körperliche Grundbedürfnisse (Nahrung, Schlaf, Fortpflanzung, etc.)

Die meisten der sogenannten Grundbedürfnisse basieren auf Dingen, die bereits in der Steinzeit lebensnotwendig für uns waren.

Ein Beispiel: Wer zur Zeit der Höhlenmenschen bei seinem Stamm negativ auffiel, wurde zurückgelassen und ist gestorben. Daher haben wir noch heute das fundamentale Bedürfnis nach Anerkennung und eine gewisse Furcht vor Ablehnung durch andere Menschen. Unser Gehirn denkt, dass uns das in Gefahr bringt.

Diese fünf Grundbedürfnisse sind bei jedem Menschen unterschiedlich stark ausgeprägt, aber sie alle müssen erfüllt sein, damit wir uns wohlfühlen.

Da wir in grauer Vorzeit geistig weit weniger entwickelt waren, brauchte unser Körper eine Methode, wie er uns mitteilen konnte, wenn eines dieser Bedürfnisse nicht erfüllt war. Der Weg, wie das funktioniert, sind Emotionen. Dabei ist zu beachten, dass Emotionen immer körperliche Gefühle sind. Wenn es nicht körperlich gefühlt werden kann, ist es ein Gedanke.

In der Psychologie unterscheidet man zwischen neun Grundemotionen, denen alle anderen untergeordnet werden können.

- Niedergeschlagenheit
- Gleichgültigkeit
- Zuneigung
- Abneigung
- Freude
- Scham
- Trauer
- Ärger
- Angst

Jede Emotion kann in einer bestimmten Ausprägung erlebt werden, die man als Erregung definiert. Zur Veranschaulichung verwendet man dazu eine Skala von 1 bis 10.

Jetzt bekommen wir hier eine Psychologievorlesung light oder was?

Nicht ganz. Aber es hat mir sehr geholfen, mich und meine Mitmenschen besser zu verstehen, seit ich diese Zusammenhänge verstehe. Das wollte ich gern mit euch teilen.

Nehmen wir an, wir begegnen jemandem, der uns im Vorbeigehen anrempelt. In diesem Moment verspüren wir zum einen Ärger (2) und der Person gegenüber eine leichte Abneigung (1-2). Wenn diese Person dann noch frech wird und mit Beleidigungen um sich wirft, entwickelt sich daraus eine Verstimmtheit (4) und klare Abneigung (4-5). Kann man jemanden aktiv nicht ausstehen, kann man bereits von Stufe 7 der Abneigung sprechen und richtiger Hass entspricht einer Erregungsstufe von 10.

Jede der Emotionen hat bestimmte Auslöser. So wird beispielsweise Ärger durch das Verletzen einer Regel ausgelöst, die man für sich selbst definiert hat. Jeder von uns hat bestimmte Werte und wenn jemand diese Grenzen überschreitet, entsteht Ärger.

Trauer hingegen wird durch das Erleben von Verlusten ausgelöst, die man nicht mehr ändern kann.

Wundert euch nicht, warum wir die negativen Emotionen weit häufiger und stärker wahrnehmen. Das ist ein urzeitliches Schutzsystem, um unser Überleben zu sichern, indem wir Gefahren erkennen und schnell durch Ärger Adrenalin freisetzen.

Wenn man versteht, welche Ursachen eine bestimmte Emotion auslösen, kann man bei sich selbst und bei anderen rückwärts analysieren, welche Ursache ein bestimmtes Verhalten ausgelöst haben könnte.

Trifft man beispielsweise eine Person, die sofort aggressiv auf einen reagiert, obwohl man nichts getan hat, um dieses Verhalten zu provozieren, kann man davon ausgehen, dass ein anderer Auslöser für das Verhalten verantwortlich ist.

Emotionen zeigen uns also an, was in uns selbst vorgeht. Allerdings sind die fünf Grundbedürfnisse, abgesehen vom körperlichen Teil, nicht immer so leicht zuzuordnen. Das Leben besteht aus unendlich vielen Facetten, was die Zuordnung enorm erschwert.

Wenn wir beispielsweise wütend werden, verstehen mir manchmal selbst nicht immer, warum das so ist, und fragen uns hinterher, wieso wie so reagiert haben.

Ein Beispiel: Zwei Personen stehen am Eingang zu einer Achterbahn. Einer der beiden ist völlig begeistert und fühlt reine Freude, während der andere vor Angst feuchte Hände bekommt. Da noch nichts passiert ist, können diese Emotionen nicht von Erlebnissen ausgelöst worden sein. Betrachtet man das genauer, kann man feststellen, dass alle Emotionen, die wir verspüren, von unseren Gedanken ausgelöst werden. Auch Erfahrungen sind nichts anderes als frühere Gelegenheiten, während denen wir uns eine Meinung zu etwas gebildet haben.

Jeder von uns denkt den ganzen Tag über alle möglichen Dinge nach und wir alle haben basierend auf unserem Wertesystem, der Moralvorstellungen, Erfahrungen und Wünsche eine große Zahl sogenannter Grundannahmen im Kopf, die unser Denken bestimmen.

Nehmen wir ein Beispiel: Viele Menschen haben große Angst davor, von ihrem Partner verlassen zu werden. Natürlich spielen dort Ängste vor Einsamkeit und Tauer eine Rolle, aber letztendlich beruht bei vielen Menschen diese Furcht auf der Idee, dass sie beziehungsunfähig sind und allein bleiben werden. Aber wer sagt denn, dass man beziehungsfähig sein muss? Wer hat festgelegt, dass nur eine Partnerschaft Erfüllung bedeutet? Das ist eine erlernte Ansicht, die z.B. lauten könnte: Wer beziehungsunfähig ist, ist kein normaler Mensch. Und dem liegt eine

Grundannahme wie diese zugrunde: Wer nicht normal ist, ist weniger wertvoll.

Das ist jedoch nicht wahr, denn so etwas wie normal gibt es nicht. Viele Menschen können auch ohne Partner glücklich sein. Grundannahmen sind bei den meisten Menschen erlernte Werte, die man, ohne zu fragen, von anderen übernommen hat. Was für andere schlimm ist, muss aber für uns nicht zwangsläufig auch schlimm sein. Dennoch ist diese Grundannahme ein tiefsitzender Wert, der sich in diesem Fall direkt auf unseren Selbstwert auswirkt. Wir werten uns selbst ab, indem wir unseren eigenen Wert herabsetzen, wenn wir nicht dem Idealbild in unserem Unterbewusstsein entsprechen.

Die gute Nachricht ist aber, dass man, wenn man seinen Gedankengängen und Ängsten auf den Grund geht und diese Grundannahmen definieren kann, man diese auch in etwas Positiveres ändern kann.

Sobald unser Verstand diese neue Sichtweise verinnerlicht hat, werden sich die Emotionen mit der Zeit anpassen. So legt man Ängste ab und wird selbstbewusster.

Ein kleiner Tipp von mir: Wann immer ihr Angst vor etwas habt, fragt euch selbst, wovor ihr ganz genau Angst habt, was das schlimmstmögliche Ergebnis wäre und warum ihr davor Angst habt. Mit etwas Übung kann man so herausfinden, welche Grundannahmen dahinterstecken.

Toll, Kevin. Und was nutzt uns jetzt dieses Psychologie-Gerede?

Es hilft dabei, uns selbst zu verstehen. Wenn jede Emotion auf einer Grundannahme basiert, also auf einem Gedanken, dann bedeutet das, dass wir uns zu jeder Zeit bewusst oder unbewusst für eine Reaktion entscheiden. Wie wir auf eine Situation reagieren und was wir fühlen, ist das Ergebnis einer Entscheidung.

Ich verspüre Freude beim Anblick von Schokolade, weil ich mich irgendwann einmal dazu entschieden habe, Schokolade gut zu finden. Genauso habe ich mich entschieden, Rosenkohl nicht gut zu finden. Daraus entstehen dann Zuneigung oder Abneigung. Ebenso ist es mit Gleichgültigkeit. Wenn ich mich aktiv entscheide, dass mir etwas egal ist, dann fühle ich auch irgendwann nichts mehr dabei. Wir können unsere Emotionen also durch Gedanken steuern und uns so über Zeit selbst programmieren, wie es unseren Zielen am besten entspricht.

Oft reagieren und fühlen wir sofort, weil die gedanklichen Prozesse so eingespielt sind, dass sie unterbewusst ablaufen. Um sie zu verstehen, müssen wir sie uns aktiv ins Bewusstsein holen. Wie ich bereits angedeutet habe, können wir mit dem Wissen über Emotionen und Grundannahmen rückwärts ergründen, welche Gedanken unseren Gefühlen vorausgehen.

Nur wenn wir uns selbst verstehen, können wir bewusst leben und unser Leben selbst in die Hand nehmen.

Warum genau erzählst du uns das?

Verstehen bedeutet akzeptieren. Emotionen sind im Gegensatz zum Verstand nicht in der Lage, rational zu sein. Viele Menschen reagieren emotional, sie erliegen den Impulsen einer Emotion.

Wenn man spürt, dass sich eine Emotion in starker Erregung anbahnt, kann man mit etwas Übung schnell erkennen, was der Auslöser sein könnte. Wenn man den Grund kennt und dabei beachtet, welches

Ziel man eigentlich verfolgt, kann man die Emotion besser verarbeiten und zielführender agieren, anstatt impulsiv zu sein.

So ist beispielsweise Ärger eine Reaktion, die der Körper sehr gern benutzt, weil es uns ein Gefühl der Kontrolle gibt. Wir glauben, mit Wut und Zorn könnten wir etwas an einer Situation ändern, was jedoch so gut wie nie der Fall ist. Bestenfalls machen wir unser Gegenüber ebenfalls wütend oder sagen und tun Dinge, die wir später bereuen. Stattdessen ist Trauer in den meisten Fällen die zielführendere Emotion, weil sie im Gegensatz zu Ärger leichter endgültig abflauen kann.

Ärger kommt immer wieder hoch, aber wenn man etwas abgetrauert hat, kann man es akzeptieren und hinter sich lassen.

Eine Emotion zu beeinflussen und zielgerichtet zu handeln erfordert einiges an Übung, aber es wird niemals funktionieren, wenn man die Zusammenhänge nicht versteht.

Super. Hast du noch mehr Weisheiten für uns?

Schön, dass ihr fragt! Ja, habe ich tatsächlich. Und zwar habe ich gelernt, dass ich mir selbst sehr oft die Schuld für Dinge gegeben habe, die ich gar nicht kontrollieren kann. Wir neigen dazu, die Verantwortung für viele Faktoren in unserem Leben zu übernehmen und uns dafür abzuwerten, dass wir es nicht besser gemacht haben.

Laut der Psychologie gibt es nur erschreckend wenige Dinge, über die wir wirkliche Kontrolle haben. Selbst unsere eigenen Körperfunktionen laufen ohne unser Zutun ab. Wir könnten nicht einmal aktiv die Luft anhalten, bis wir ersticken, weil unser Körper uns irgendwann zum Atmen zwingt.

Die einzigen Dinge, die wir in unserem Leben kontrollieren können, sind unsere bewussten, willkürlichen Gedanken und Handlungen. Nichts anderes können wir wirklich steuern. Selbst andere Menschen können wir maximal beeinflussen, aber nicht ihr Verhalten oder Handeln kontrollieren.

Wenn man sich diese Tatsache wirklich bewusst macht, muss man sich eingestehen, dass die meisten Versuche, die Welt um uns herum zu verändern, von vorneherein zum Scheitern verurteilt sind. Alles, was wir tun können, ist uns selbst zu verändern, unser Denken und Handeln anzupassen und dadurch unsere Umwelt zu beeinflussen. Welche genauen Auswirkungen das hat, können wir jedoch nicht steuern.

Das Gute an dieser Tatsache ist jedoch, dass wir uns demnach auch nicht die Verantwortung für all diese Dinge aufbürden müssen. Wir tragen nur die Verantwortung für uns und unser Handeln.

Das bringt mich zu einem anderen Punkt, der mich selbst sehr oft begleitet. Ich habe häufig das Gefühl, mein Leben nicht selbst bestimmen zu können, weil ich vieles tun muss.

Mir wurde in der Therapie jedoch klar gemacht, dass der Mensch im Grunde nicht viele Dinge wirklich tun muss. Wir müssen ertragen, was um uns herum geschieht, wir müssen unsere Körperfunktionen akzeptieren, wir müssen denken und wir müssen Entscheidungen treffen.

Alles andere ist optional – denkt mal darüber nach. All die vielen Dinge, die wir jeden Tag als Pflichten, Zwänge oder Notwendigkeiten empfinden, sind kein Muss. Wir könnten das alles sein lassen. Wir müssten nicht zur Arbeit gehen. Wir müssten auch nicht nach unseren

Kindern sehen. Wozu sollten wir Hausarbeiten erledigen, wenn wir lieber Spaß haben wollen?

Wir tun diese Dinge, weil wir damit unsere Bedürfnisse befriedigen möchten. Wir arbeiten, um Geld für ein möglichst bequemes Leben zu haben. Wir pflegen soziale Kontakte, weil wir nach Bindung streben. Wir achten auf Hygiene, weil wir nicht krank werden wollen.

Jede dieser Handlungen basiert auf einer Entscheidung, ein Ziel über ein anderes zu stellen. Oft verspüren wir eine innere Gegenwehr, einen Widerstand. Wenn das passiert, können wir uns vor Augen führen, dass wir es nicht tun müssen, sondern uns bewusst dafür entscheiden, weil es zielführend für uns ist.

Dabei sollten wir jedoch beachten, dass Angst einen erschreckend hohen Einfluss auf unsere Entscheidungen hat. Je wahrscheinlicher es wird, dass uns ein Schaden entsteht, desto irrationaler verhalten wir uns. Angst blockiert unser logisches Denken und lässt uns irrational und zum Teil entgegen unseren Bedürfnissen handeln. Deshalb ist es auch so wichtig, dass wir lernen, unsere Ängste zu untersuchen und zu verstehen. Nur dann können wir abwägen, ob unser Handeln wirklich unseren Zielen dient.

Dazu passend würde ich gern kurz den Begriff des Problems definieren. Ein Problem lässt sich in zwei Varianten unterteilen: Aufgaben und Restriktionen. Aufgaben sind nur Hürden, die man überwinden kann, wenn man die Arbeit in Kauf nimmt. Restriktionen sind unveränderbare Umweltfaktoren, die wir nicht umgehen können. Viele Menschen verschwenden endlose Mengen an Energie mit dem Versuch, eine Restriktion zu verändern. Es wäre wesentlich zielführender, einen Weg zu suchen, mit der Restriktion umzugehen und sie als gegeben zu akzeptieren. Es ist also hilfreich, z.B. die Frage nach dem Müssen zu stellen, um den Unterschied zu erkennen und seine Energie bestmöglich einzusetzen.

Ihr fragt euch vielleicht, wozu wir psychologische Grundlagen betrachten. Nun, ich möchte euch bewusst machen, dass wir in unseren Leben eigentlich viel freier sind, als uns klar ist. All die vielen Dinge, die wir jeden Tag tun zu müssen glauben, tun wir aus einem Grund. Wir können uns aber jederzeit entscheiden, es nicht mehr zu tun.

Je mehr unser Handeln mit unseren Werten, Vorlieben und Wünschen/Zielen im Einklang ist, desto näher kommen wir unserem Sinn des Lebens.

Ein schöner Bogen zurück zum Anfang, was?

Wann immer wir das Gefühl haben, etwas tun zu müssen, können wir uns die Entscheidung anschauen, die wir getroffen haben. Das ermöglicht uns langfristig, unsere Ziele und Entscheidungen bewusster zu wählen und so umzusetzen, dass wir glücklicher werden können.

Dabei ist der Begriff der Entscheidung unglaublich wichtig. Wir treffen am Tag tausende unbewusste Entscheidungen, ohne es zu bemerken. Dabei ist die Macht der Entscheidung unsere größte Freiheit im Leben. All unser Handeln und sogar unser Fühlen sind das Ergebnis unserer Entscheidungen. Je bewusster wir Entscheidungen treffen, desto selbstbewusster und stärker können wir uns selbst erleben.

Dieses bewusstere Denken, Fühlen und Handeln ist ein sehr hilfreicher Schritt zur Selbstreflexion und dem Verständnis über das eigene Verhalten. Denn viele von uns, wie ich selbst auch, verstehen sich selbst manchmal nicht. Wir reagieren emotional oder irrational, ohne zu wissen, warum. Je besser wir diese Achtsamkeit und aktive Entscheidungsfindung beherrschen, desto mehr beherrschen wir uns selbst und unser Leben.

Bevor wir uns gleich wieder weltlicheren Themen widmen, möchte ich noch auf ein psychologisches Thema zu sprechen kommen, das den meisten von uns in irgendeiner Form zu schaffen macht: der Selbstwert.

Es ist ein abstrakter Begriff, den wir die meiste Zeit über nicht im Kopf haben und doch ist es eines der Grundbedürfnisse, die unser Wohlbefinden steuern. Viele Handlungen im Alltag wirken sich auf unseren Selbstwert aus und beeinflussen, wie wir uns selbst sehen.

Lasst mich euch eine Frage stellen: Wie seht ihr euch selbst?

Die meisten Menschen werden auf diese Frage mit negativen Attributen antworten und ihre Schwächen benennen. Personen mit hohem Selbstwert werden positive Aspekte ihrer Persönlichkeit hervorheben. Aber jetzt kommt der Schocker: Nichts davon sagt etwas über euren Wert aus.

Eine andere Frage: Wie viel ist ein Mensch wert?

Ökonomen und Mathematiker würden sich nun mit Zahlenwerten, Charaktereigenschaften, Fähigkeiten und anderen Faktoren einem – und das ist besonders albern – Geldwert annähern. Man kann jedoch den Wert eines Lebens nicht in Zahlen angeben.

Leben ist einfach. Jeder Mensch ist einfach. Falls es einen bestimmbaren Wert eines Menschen gibt, dann kennt ihn niemand. Das bedeutet, man kann sich entscheiden, wie man ihn definiert. Aufgrund unseres Bildungssystems und dem ständigen Vergleichen mit anderen wurde uns antrainiert, dass wir unseren Wert von Faktoren wie Leistung, Fähigkeiten und der Meinung anderer Menschen abhängig machen. Das führt aber dazu, dass wir sehr viele Möglichkeiten finden, unseren Wert durch Fehlschläge oder das Verhalten anderer Personen herabzusetzen. Das schadet unserem Selbstwert und wir fühlen uns schlecht, was auf Dauer ungesund ist.

Wenn wir den Wert des Menschen frei wählen können, warum entscheiden wir uns dann nicht dafür, dass jeder Mensch gleich wertvoll ist? Warum ist nicht einfach jeder Mensch maximal wertvoll?

Bist du bescheuert? Wie soll man denn einen Wert festlegen, wenn alle gleich wertvoll sind? Woran soll ich mich denn dann orientieren?

Dasselbe habe ich auch gedacht, als ich das zum ersten Mal gehört habe. Aber macht euch bewusst, was ihr jeden Tag tut. Ihr vergleicht euch ständig mit anderen Menschen. Allerdings vergleicht ihr dabei deren Leistungen, deren Aussehen, deren Taten – alles Dinge, die nicht aussagekräftig verglichen werden können. Wir fühlen uns also schlecht, weil ein uns völlig unbekannter Mensch in der Fußgängerzone sportlicher ist als wir. Wir fühlen uns schlecht, weil jemand anderes die Willenskraft hatte, sich einen Salat zu bestellen, während wir wieder zum Burger gegriffen haben.

Ihr seht schon, dass der Alltag tausende Gelegenheiten bietet, uns schlecht zu fühlen, weil wir unseren Wert an Faktoren festmachen, bei denen wir eigentlich nur verlieren können.

Eine viel gesündere, positivere und nachhaltigere Vorgehensweise ist es, alle Menschen als identisch wertvoll zu betrachten. Das Bedürfnis unseres Gehirns, uns mit anderen zu vergleichen oder andere zu bewerten, können wir dennoch befriedigen. Und zwar, indem wir ihre Handlungen und Attribute im Hinblick auf unsere persönlichen Ziele und Werte beurteilen.

Nehmen wir ein Beispiel: Ich bin ein sehr introvertierter Mensch. Wenn ich jemandem begegne, der aktiv auf andere zugeht und ihnen etwas verkaufen will, dann empfinde ich das als sehr unangenehm und anstrengend.

Mein altes Ich würde diese Person nun als dumm, aufdringlich und lästig abwerten und meine Meinung von diesem Menschen wäre sehr gering.

Nach der neuen Sichtweise kann ich diese Person betrachten und feststellen, dass sein Verhalten und Vorgehen nicht meinen Bedürfnissen entspricht. Dennoch macht dieser Mensch nur seine Arbeit oder folgt seinen Zielen und ist dabei dennoch genauso viel wert wie ich. Ich empfinde weniger bis keine Abneigung gegenüber der Person, sondern lediglich gegenüber seinen Handlungen.

Und dieselbe Vorgehensweise wende ich auch auf mich selbst an. Wenn ich einem Menschen begegne, der sehr intelligent ist und viel über ein Thema weiß, dann könnte ich mich natürlich selbst dafür abwerten, dass ich das nicht alles weiß.

Ich kann mir aber auch bewusst machen, dass mein Lebensweg und meine Interessen mir keinen Grund gegeben haben, dieses Wissen zu erlernen. Es ist keine Schwäche, kein Nachteil, etwas nicht zu wissen, sondern ich habe schlicht andere Interessen und Fähigkeiten. Fähigkeiten, über die sehr viele andere Menschen nicht verfügen.

Oder ich befinde mich auf meiner Reise zur Meisterschaft an einer früheren Position als mein Gegenüber, aber auch dieser Mensch war mal dort, wo ich jetzt stehe. Das ist kein Grund, meine fehlende Erfahrung als Grund für Selbstabwertung zu betrachten.

Warum sollte ich mich z.B. selbst wegen der Handlungen oder Worte anderer Personen abwerten, obwohl ich darüber keinerlei Kontrolle habe? Wenn ich etwas nicht kontrollieren kann, kann ich auch keine Verantwortung übernehmen, also auch keine Schuld an Ergebnissen tragen.

Ebenso sollte man Handlungen, Vorlieben und Ziele eines Menschen nicht aufgrund seiner eigenen Moral oder Vorstellungen und Meinungen bewerten. Wir kennen die Beweggründe und Ansichten der anderen Leute nicht und können sie auch nicht ohne Nachfrage nachvollziehen. Stattdessen sollten wir das alles neutral und rational bewerten und uns immer bewusst sein, dass dieser Mensch Gründe und Ziele hat, aus deren Sicht sein Verhalten sinnvoll ist.

Mir ist bewusst, dass diese Gedankengänge zunächst sehr abstrakt wirken, denn mir ging es zu Anfang genauso. Aber wenn man sich dieses Denkmuster angewöhnt und den Wert eines Menschen von seinen Leistungen und Handlungen getrennt betrachtet, dann kann man viel selbstbewusster leben, hat weniger Angst und fühlt sich besser.

Bewertet man die Menschen nicht als wertvoll oder wertlos, sondern beurteilt sie und ihr Verhalten nur basierend darauf, wie hilfreich oder unhilfreich sie für die eigenen, persönlichen Ziele sind, kann man sie immer respektvoll und unvoreingenommen behandeln und wesentlich zielführender und rationaler handeln. Wenn jemand nicht nach unserem

Geschmack ist, ist er dadurch nicht weniger wertvoll, sondern lediglich weniger zielführend für uns.

Und wenn es uns gelingt, uns selbst ebenso rational und verständnisvoll zu behandeln, wird das Grundbedürfnis Selbstwert immer konstant erfüllt sein und wir können mit viel mehr Selbstbewusstsein und glücklicher leben.

06

Mann und Frau

Nach diesem nicht ganz so kleinen Psychologie-Exkurs will ich auf eines der Themen eingehen, die uns im alltäglichen Leben immer wieder begleiten. Die stetigen Unterschiede und typischen Verhaltensweisen von Männern und Frauen.

In diesem Kapitel werden Feministinnen vermutlich wutentbrannt aufschreien, aber ich betone erneut, dass die Ausführungen hier auf rein rationalen Überlegungen beruhen.

An dieser Stelle fangen wir wieder ganz vorne an, in der Steinzeit. Wie ich ja bereits im vorigen Kapitel erwähnt habe, hat sich unser Gehirn seit damals zwar weiterentwickelt, aber die damaligen Verhaltensweisen sind bis heute unverändert geblieben.

Fangen wir mit den Männern an.

Zur Zeit des Urzeitmenschen war die Aufgabe des Mannes klar definiert. Er war zuständig für die Jagd, den Schutz und die Fortpflanzung. Aus diesem Grund haben Männer nicht nur mehr Muskelmasse, sondern auch häufig eine geringer ausgeprägte Subtilität und Empathie. Männer mussten mit ihren Stammesgenossen durch die Wildnis streifen und Mammuts erlegen, um das Fleisch nach Hause zu bringen. Dabei mussten sie sich gegen die Gefahren der Natur zur Wehr setzen und gegen Säbelzahntiger und andere Raubtiere bestehen. Aus diesem Grund waren es auch Männer, die die ersten Werkzeuge und Waffen benutzten, um diese Aufgabe besser zu erfüllen.

Dieser Jagdinstinkt diente dazu, der Versorger für die eigene Familie und den Stamm zu sein. Eben jener Instinkt ist noch heute in Männern verankert, allerdings lässt er sich heutzutage nicht mehr so leicht umsetzen. Anstatt Wildtiere zu erlegen, geht der Mann heute in die Welt hinaus und jagt Geld, da es das lebensnotwendige Gut unserer Epoche ist. Da man Geld aber nicht im Wald erlegen kann, muss Mann sich einen Job suchen, der möglichst viel Geld einbringt. Dabei legt er oft wert darauf, aufzusteigen und seine Position zu verbessern, um noch mehr zu verdienen.

Es machte dem Mann der Urzeit vermutlich nicht unbedingt Spaß, jagen zu gehen, aber es war lebensnotwendig. Genauso nehmen die heutigen Männer Jobs in Kauf, die sie hassen, nur um Geld für die Familie nach Hause zu bringen und diese zu versorgen. Es ist für den Mann instinktiv wichtiger, Geld und Beruf zu verfolgen, als für eine Frau, deren Instinkte andere Ziele im Fokus haben. Das bedeutet nicht, dass Frauen das nicht auch alles tun könnten, jedoch ist es im männlichen Urverstand fester verankert.

Ein ganz ähnliches Phänomen ist der männliche Hang zur Gewaltbereitschaft. Der Urzeitmann musste zu jeder Zeit bereit sein, seine Familie vor Angreifern zu schützen. Andere Stammesmitglieder, Raubtiere und jegliche anderen Gefahren. Es war daher überlebensnotwendig, schnell wütend zu werden, um Adrenalin und den Kampfreflex zu aktivieren. Alles, was der Mann als mögliche Bedrohung wahrnahm, weil es eine war oder weil er es nicht kannte und es deshalb potenziell gefährlich sein konnte, wurde sofort attackiert.

Auf unser heutiges Verständnis wirkt das primitiv und dumm, aber es ist eine evolutionäre Überlebenstaktik.

In unserer heutigen Zeit ist die Zahl der Gefahren für Leib und Leben so sehr geschwunden, dass aggressives Verhalten nur noch sehr selten notwendig ist. Leider hat der männliche Urverstand diese Tatsache nicht verinnerlicht. Noch heute sind Männer wesentlich leichter reizbar und schneller aggressiv, weil sie über den Kampfmodus verfügen. Wird ein Mann gereizt, bedroht oder auf andere Art provoziert, ist die instinktive Reaktion darauf Ärger und das Bedürfnis, Gewalt auszuüben, um die Gefahr zu beseitigen. Es erfordert viel Selbstkontrolle und gesellschaftlichen Druck, diesen Impuls zu unterdrücken.

Noch vor einem knappen Jahrhundert waren Straßenkämpfe, Ring-kämpfe und andere Praktiken, um überschüssige Aggressionen abzu-bauen, eine gängige Praxis. Es liegt in der Natur des Mannes, ein Krieger und Jäger zu sein. Je weiter unsere Gesellschaft sich jedoch entwickelt und *zivilisiert* wird, also Formen der Gewaltanwendung verbietet, desto schwerer wird es, diese evolutionären Verhaltensweisen zu kontrollieren. Jähzorn, häusliche Gewalt und Gewaltverbrechen sind oft das Ergebnis der primitiven Triebe der Männer, für die sie rational betrachtet nichts können. Das ist keine Entschuldigung dafür, andere zu verletzen, aber dieses Wissen sollte gerade Männern mit Aggressionsproblemen dabei helfen, nach einem Ventil zu suchen, ihre ureigene Energie auf anderem Wege abzubauen – beispielsweise durch Sport und Selbstreflexion.

Nun zu einem Thema, das besonders stark von Frauen kritisiert wird, aber einen vollkommen logischen, evolutionären Ursprung hat. Wie überall in der Tierwelt ist es die Aufgabe des Mannes, den Fortbestand der Spezies zu sichern. Ganz richtig, wir reden hier über Sex. Von Natur aus suchen Männer nach Möglichkeiten, ihre Gene zu verbreiten. Um die stärksten Nachkommen zu zeugen, achtet der Mann dabei auf bestimmte körperliche Merkmale bei der Frau, die sie in seinen Augen zu einer idealen Partnerin für den Fortpflanzungsakt machen. Diese Faktoren, abgesehen von den primären und sekundären Geschlechtsmerkmalen, haben sich im Laufe der Zeit immer wieder verändert. Es gab Zeiten, als Übergewicht als begehrenswert galt, ebenso wie heute schlank und sportlich als Schönheitsideal gelten.

Dennoch gibt es für jeden Menschen mindestens einen anderen, der ihn oder sie attraktiv findet. Männer sind jedoch von Natur aus dazu fähig, nicht nur ständig, sondern auch bis ins hohe Alter Kinder zu zeugen. Allein diese Tatsache deutet bereits darauf hin, dass die Natur nicht vorgesehen hat, dass Männer nur einen einzigen Nachkommen zeugen oder nur eine einzige Partnerin wählen sollen.

Es ist von der Evolution vorgesehen, dass ein Mann seine Gene so weit und viel wie möglich verbreitet. Genau deshalb empfindet ein Mann von Natur aus den Drang, stets nach potenziellen Sexualpartnerinnen Ausschau zu halten.

Während dieses Verhalten in der Steinzeit noch ganz normal war, führt es in der heutigen Zeit der Monogamie immer wieder zu Konflikten. Wenn die Frau ihren Mann kritisiert, weil er einer schönen Frau nachschaut, verstehen die meisten Männer nicht, wo das Problem liegt. Das kommt daher, weil das für den Mann ein vollkommen natürliches und evolutionär bedingtes Verhalten zum Spezieserhalt ist. Es erfordert extreme Selbstkontrolle, diesen Drang zu unterdrücken, da es unnatürlich ist.

Die Frau muss in diesem Fall verstehen, warum Männer das tun – und dass sie es von ihrer Biologie aufgezwungen bekommen. Dagegen lässt sich nichts tun, denn die Natur interessiert sich nicht für unsere Moralvorstellungen. Sicherlich ist dieser Drang, wie alles andere auch, bei jedem Mann verschieden stark ausgeprägt, doch sie alle haben ihn in sich. Das bedeutet nicht, dass auch jeder Mann mit dieser Frau schlafen wird oder es auch wollen würde. Das Betrachten attraktiver Personen wird bei Menschen vom Belohnungszentrum im Gehirn registriert und erzeugt ein Gefühl der Freude, weshalb das Unterdrücken dieses Verhaltens noch schwieriger wird. Die Reaktionen im Gehirn sind dabei vergleichbar mit dem Konsum von Rauschgift, Essen oder Geld.

Damit nur die stärksten und besten Nachkommen fortbestehen, haben auch Frauen Auswahlkriterien für ihre Partner. Aus diesem Grund gibt es bei Männern das Balzverhalten. Es ist tief in unserem Gehirn verwurzelt, dass unsere Chancen auf Paarungsbereitschaft bei attraktiven, also für die Fortpflanzung geeigneten Kandidatinnen steigen, wenn wir unseren Wert gegenüber anderen Männern erhöhen. In der Steinzeit waren das Faktoren wie Kraft, starkes Auftreten und Überlebenserfahrung. Diese Dinge suggerierten der Urzeitfrau, dass ein Mann potenziell starke Nachkommen zeugen kann.

Obwohl diese Faktoren in der heutigen Zeit nicht mehr nötig sind, um zu überleben, sind sie dennoch im Gehirn der Frau als begehrenswert abgespeichert. Aus diesem Grund reagieren Frauen häufiger positiv auf männliches Verhalten. Demonstrationen von Kraft, Dominanz und Autorität werden von vielen Frauen als anziehend beschrieben, ebenso wie Muskeln und Körpergröße.

Das ist der Grund, weshalb auch heute noch viele Männer das besitzen, was ich das Wettbewerbsgen nenne. Sie suchen jede Gelegenheit, sich mit anderen Männern zu messen und damit zu demonstrieren, dass sie stärker, schneller, schlauer oder auf andere Art überlegen sind. Das stärkt ihr Selbstvertrauen und sie fühlen sich gut. Eigentlich dient es jedoch evolutionär nur dazu, ihren Wert zu erhöhen, damit mehr Frauen sie als Partner wählen würden.

Kommen wir jetzt zur Betrachtung der Frau. Auch hier können wir Verhaltensweisen finden, die die Natur für den weiblichen Menschen vorgesehen hat, um den Fortbestand der Spezies sicherzustellen.

Anders als bei manch anderen Tieren ist der weibliche Mensch körperlich schwächer als der Mann. Das liegt daran, dass Frauen weder kämpfen noch jagen sollten. Aus diesem Grund sind auch heute noch die Aggression, der Jagdinstinkt und das Wettbewerbsgen bei Frauen wesentlich schwächer ausgeprägt.

Bleiben wir beim Thema Fortpflanzung. Anders als der Mann, der durch Dominanzverhalten und Stärke seinen Wert als Sexualpartner demonstriert, hat die Frau andere Waffen, um dieses Ziel zu erreichen. Evolutionär bedingt sind Frauen intelligenter, empathischer und umsorgender als Männer, für deren Aufgaben diese Attribute eher hinderlich gewesen wären.

Da Männer sehr visuell und körperlich gesteuerte Wesen sind, zeigen Frauen ihren Wert als Sexualpartnerinnen, indem sie ihre körperliche Erscheinung bestmöglich präsentieren. Zudem zeigen sie Mitgefühl und Verletzlichkeit, um den Beschützerinstinkt des Mannes anzusprechen. Dabei nutzen sie ihre überlegene Empathie und Intelligenz, um den Mann leicht um den Finger zu wickeln.

Diese Faktoren sind bis zum heutigen Tag beinahe unverändert erhalten geblieben.

Frauen wussten um ihre körperliche Schwäche und die daraus entstehende Verletzlichkeit gegenüber den Gefahren der Natur. Ihr Überleben konnte nur durch das Leben in einer Stammesgruppe und den Schutz eines Mannes sichergestellt werden. Aus diesem Grund war es für sie lebenswichtig, ihren auserwählten Mann an sich zu binden, um sich und den Nachwuchs zu beschützen – gegen wilde Tiere und andere Männer.

Genau deshalb sind Frauen der Urzeit darauf bedacht gewesen, all ihre weiblichen Waffen und Fähigkeiten darauf zu verwenden, einen Mann erst zu gewinnen und ihn dann an sich zu binden und ihn zu halten. Im Laufe des Lebens wurde das immer schwieriger, da jüngere Frauen aufgrund der langen Zeugungsfähigkeit des Mannes für diesen weiterhin interessant blieben.

In der heutigen Zeit, und das werdet ihr gern hören, liebe Feministinnen, braucht eine Frau keinen Mann mehr, um zu überleben. Eure überlegenen kognitiven Fähigkeiten und eure Macht, die meisten Männer mit euren weiblichen Waffen um den Finger zu wickeln, machen euch in der aktuellen Zeit ganz eindeutig zum stärkeren Geschlecht. Wir leben in einer Zeit des Geistes, wo die körperliche Kraft des Mannes ihm kaum noch etwas nutzt. Dadurch habt ihr die Oberhand, wann immer ihr es wollt.

Allerdings müssen wir auch beim weiblichen Geschlecht feststellen, dass die urzeitlichen Verhaltensweisen weiterhin aktiv sind. Genau deshalb sehen wir immer wieder Paare streiten, weil der Mann seinem inneren Trieb gefolgt ist und andere Frauen betrachtet hat. Obwohl die moderne Frau auch ohne Mann sehr gut zurechtkommen kann, wenn nicht sogar besser, fühlt sie sich tief in ihrem Inneren bedroht, wenn ihr Partner seine Aufmerksamkeit nicht mehr ausschließlich ihr widmet. Die evolutionäre Angst, ohne den Mann nicht zu überleben, ist hier der Auslöser für dieses besitzergreifende Verhaltensmuster.

Um an dieser Stelle den Konflikt beenden zu können, müssen beide Partner verstehen und nachvollziehen, warum der andere so reagiert, wie er oder sie es tut. Es sind urzeitliche Überlebenstriebe, die zwar heute nicht mehr nötig sind, aber dennoch weiterhin in uns aktiv bleiben.

Ein anderer Faktor, den Frauen in der heutigen Zeit erleben, ist das Gefühl von innerer Zerrissenheit zwischen beruflichem Erfolg und dem Kinderwunsch.

Wenn wir uns auch hier unsere Vorfahren der Urzeit anschauen, war es die Aufgabe der Frau, den gezeugten Nachwuchs auszutragen, zur Welt zu bringen und aufzuziehen. Der Mann musste weiterhin jagen gehen und die Familie versorgen, war aber die meiste Zeit nicht da.

Das ist auch der Hauptgrund, weshalb Männer auch heute noch von Natur aus meist eine geringere Bindung zu ihren Kindern haben als Frauen. Die Erziehung ist evolutionär bedingt nicht die Aufgabe des Mannes gewesen. Viele Männer sind auch heute noch allzeit bereit, Kinder zu zeugen, wollen sie aber nicht aufziehen. Man kann das als kurzsichtig und egoistisch betrachten, allerdings beruht diese negative Sichtweise auf den moralischen und gesellschaftlichen Maßstäben der heutigen Zeit. Das menschliche Gehirn arbeitet aber nach den Maßstäben der Steinzeit.

Da es schon immer die Aufgabe der Frau war, den Nachwuchs zu erziehen, ist auch klar, weshalb sie wesentlich empathischer sind. Waren die Männer auf der Jagd, überlebten Frauen und Kinder nur durch ein friedliches Zusammenleben in der Gruppe. Die Emotionen und Verhaltensweisen ihrer Mitmenschen zu deuten war lebenswichtig. Männer mussten das nicht können, da ihre Kraft zum Überleben ausreichte.

Wenn wir uns also bewusst machen, dass es einst die Lebensaufgabe der Frau war, den Nachwuchs aufzuziehen, kann man den Drang der modernen Frau, eine Familie zu gründen, durchaus nachvollziehen. Es steckt ihnen in den Genen.

Da Frauen heutzutage aber ebenso sehr auch beruflichen Erfolg anstreben können, während Männer ein familiäres Leben und Kindererziehung anstreben können, bringen wir unser Gehirn damit durcheinander. Unsere Instinkte verlangen von uns, unseren natürlichen Aufgaben der Spezieserhaltung nachzugehen, während unser moderner Verstand eher Ziele wie Erfolg und Selbstverwirklichung anstrebt.

Dieser innere Konflikt existiert bei Männern wie Frauen.

Manche Männer schämen sich, mit dem Kinderwagen durch den Park zu laufen, weil sie fürchten, von anderen Männern ausgelacht zu werden. Sie fühlen sich unmännlich und dadurch im Wettbewerb um potenzielle Sexualpartnerinnen unterlegen. Das mag aus heutiger Sicht rational völliger Unsinn sein, aber nach den Maßstäben unseres Urinstinkts ist diese Befürchtung und Scham gerechtfertigt.

Das Gleiche gilt für den inneren Konflikt der Frau zwischen Familie und Beruf. Frauen der Moderne empfinden es als befreiend, den Fesseln des Lebens als Hausfrau und Mutter entkommen zu können und sich selbst auszuleben. Sie können sich mit den Männern messen und ihr eigenes Selbst in der Welt verwirklichen. Dennoch gibt es selbst bei den erfolgreichsten Frauen immer wieder Personen, die sich tief im Inneren schuldig fühlen, weil sie keine Kinder haben, obwohl sie eigentlich gar keine wollen. Oder aber sie bekommen Kinder, die sie eigentlich nicht wollten, um diesem Schuldgefühl zu entkommen, nur um sich dann schuldig zu fühlen, dass sie nicht für das Kind da sind.

An dieser Stelle kämpft die Natur des Menschen mit dem modernen Selbstverständnis. Natürlich muss jeder Mensch selbst entscheiden, wie sein Leben aussehen soll, aber wenn wir uns wirklich bewusst machen, woher die Schuldgefühle und Ängste kommen, die wir jeden Tag verspüren, können wir bessere Entscheidungen treffen und besser leben. Wir haben heute die Möglichkeit, sehr viel freier zu leben, als es zu Urzeiten war.

Was ich mit diesem Abschnitt ausdrücken möchte, ist, dass viele Menschen ihre instinktiven Triebe als den Sinn ihres Lebens missverstehen. Die urzeitlichen Überlebenstaktiken und der Spezieserhalt gelten heute nicht mehr so wie damals. Wir haben die Freiheit, diese von unserem Verstand fälschlicherweise als Bedürfnisse interpretierten Zwänge als solche anzuerkennen und uns bewusst gegen sie zu entscheiden. Man kann sie zwar nicht gänzlich abstellen, aber wenn man versteht, welchem Zweck sie dienen, warum sie da sind, kann z.B. eine erfolgreiche Frau ohne Reue ihr Leben nach ihren Vorstellungen leben. Sobald sie versteht, dass es keine Schuldgefühle sind, sondern nur der Urtrieb nach Fortpflanzung und Kindererziehung, kann sie sich bewusst dagegen entscheiden, ohne sich selbst anzuzweifeln.

Ebenso kann ein Mann völlig in der Rolle des Familienvaters auf-
gehen und seine Kinder lieben und erziehen, weil er weiß, dass die
Unsicherheiten in seinem Inneren auf dem nicht länger gültigen Wettbewerbsgen basieren. Er muss niemanden mehr beeindrucken, wenn er
bereits hat, was er immer wollte.

Das Wissen über unsere Instinkte und Triebe gibt uns die Macht über
unser Leben zurück. Wenn wir nicht reflektiert sind und unsere eigenen
Emotionen nicht verstehen, wenn wir unsere eigenen Wünsche nicht von
urzeitlichen Bedürfnissen unterscheiden können, leben wir ein Leben,
dass uns niemals glücklich sein lässt. Dann sind wir nur Sklaven der
Evolution.

Wissen macht uns an dieser Stelle wirklich frei.

Es erlaubt uns, unseren Weg bewusst zu wählen und uns nicht von
unseren veralteten Instinkten oder externen Einflüssen manipulieren
oder lenken zu lassen. Wir selbst entscheiden, wie wir leben wollen.

*Das ist ja alles supertoll, Kevin, aber ich kann trotzdem nicht einfach
machen, was ich will.*

Das mag sein, aber je mehr du dich selbst und dein eigenes Leben
verstehst, desto mehr kannst du dein zukünftiges Handeln danach ausrichten, glücklicher zu werden. Niemand kann dir garantieren, dass du
deinen Sinn des Lebens findest und absolut glücklich wirst. Dennoch
kannst du bewusster leben und deine Ziele und Handlungen so wählen,
dass sich dein Leben zumindest in diese Richtung entwickelt.

Bevor wir diesen Teil des Buches abschließen, würde ich gern noch
einmal auf das Thema Gewalt und Moral zu sprechen kommen.

Man hört immer wieder in den Nachrichten oder von Aktivisten, dass Gewalt schlecht ist und der Mensch schlecht ist, der Gewalt ausübt.

Als rational denkende Person muss ich hier intervenieren und fragen, was mit *schlecht* gemeint ist. Ist ein Mensch, der Gewalt anwendet automatisch schlecht? Ist er schlecht, wenn er das Leben seiner Familie gegen einen Gewaltverbrecher verteidigt? Ist er schlecht, wenn er sich gegen einen unterdrückenden Diktator zur Wehr setzt? Wie immer ist das Wort *schlecht* eine ungünstige Wertung. Der richtige Begriff wäre zielführend. Wenn wir fragen, ob ein Mensch, der Gewalt anwendet, sich zielführend verhalten hat, müssen wir auch fragen, welche Ziele er damit verfolgt.

Ist es sein Ziel, sein Leben und das seiner Liebsten zu schützen, ist Gewalt durchaus zielführend.

Ist es sein Ziel, andere Personen gewaltsam zu unterdrücken und zu beherrschen, ist Gewalt ebenfalls zielführend.

Die Nutzung von Worten wie gut oder schlecht bezieht sich meist auf eine moralische Bewertung. Moral ist an sich aber nicht fest definiert. Jeder Mensch hat eine andere Vorstellung von Moral und Ethik, basierend auf Erfahrungen, Meinungen, Werten und vielen anderen Faktoren. Einfach zu sagen, dass etwas moralisch falsch ist, sagt nur aus, dass es den eigenen moralischen Werten zuwiderläuft. Andere Menschen können das völlig anders sehen.

Letztlich kann man also eigentlich immer nur sagen, dass man selbst etwas gut oder schlecht findet. Eine Verallgemeinerung ist nicht möglich, da es selbst bei Themen, wo sich ein Großteil der Menschheit einig ist, keinen Konsens gibt. Ein absoluter Konsens ist meiner Meinung nach unrealistisch.

Ach Kevin, hör doch mit deiner Philosophiererei auf!

Tut euch schon der Kopf weh? Ich will mit diesem Abschnitt verdeutlichen, dass viele Menschen, insbesondere Medien, uns überzeugen wollen, dass etwas schwarz oder weiß ist. So etwas gibt es aber nicht, weil absolut alles relativ ist. Es gibt so viele Blickwinkel und Betrachtungsweisen, dass es naiv und voreilig ist, über Menschen, Taten oder irgendetwas anderes zu urteilen. Wir müssen uns bewusst machen, dass jede Meinung, die wir vertreten, genau das ist. Es ist eine Meinung, eine von unendlich vielen Meinungen, die weder beweisbar noch widerlegbar ist. Diesen Gedanken verfolgen wir im Abschnitt über Religion noch etwas genauer.

Kommen wir zum Thema Gewalt zurück. Wenn wir uns die Natur anschauen, stellen wir fest, dass im Tierreich Gewalt ein vollkommen normales Konzept ist. Raubtiere reißen Beutetiere, große Fische fressen kleine Fische, Spinnen fressen Fliegen, und so weiter.

Dieses Verhalten dient dazu, dass die Evolution stattfinden kann. Nur die stärksten und fähigsten Jäger überleben, nur die schnellsten und geschicktesten Beutetiere überleben. So stellt die Natur sicher, dass schwache und nach den Maßstäben der Natur unzureichende Exemplare ausgemerzt werden.

Da der Mensch abgesehen von einigen Raubtieren keine natürlichen Feinde hat, greift die Evolution bei uns, indem der Mensch gegen sich selbst kämpft. Das ist die logische Verhaltensweise einer Spezies, die sich nicht gegen einen gemeinsamen Feind zusammentun kann. Gewalt ist nichts anderes als Evolution. Der Stärkere vernichtet den Schwächeren, damit die besten Exemplare der Spezies fortbestehen, um ihren Untergang und eine Rückentwicklung zu verhindern.

Unabhängig von den Gründen, die der Mensch für seine Konflikte findet (allesamt basierend auf Gier), dienen sie dazu, die unterlegene Partei auszulöschen und Stärke zu belohnen. Es ist im Grunde das, was Charles Darwin als natürliche Auslese bezeichnet hat.

In der Geschichte können wir beobachten, dass alte Kulturen wie die antiken Griechen oder die Wikinger nach diesen Grundsätzen lebten. Menschen mit Behinderungen wurden bereits im Kindesalter zum Sterben ausgesetzt, weil sie eine Belastung für die Gesellschaft darstellten. Man wusste, dass sie nicht allein überleben konnten, also hatten die Götter das auch nicht vorgesehen. Nach dem heutigen ethischen Verständnis nennen wir so etwas barbarisch oder primitiv, doch genau dieses Verhalten hat das damalige Überleben gesichert.

Ich sage es mal ganz rational: Wer damals behindert, schwach, dumm oder zu alt war, den hat man einfach sterben lassen.

Betrachten wir unsere heutige Zeit, sehen wir überall unterdrückte oder weniger unterdrückte Gewalt. Häusliche Gewalt, religiös motivierte Gewalt, sexuell motivierte Gewalt oder Kriege. Gewalt ist in den meisten Fällen ein Griff nach Kontrolle, wenn wir uns machtlos und ausgeliefert fühlen. Indem wir andere gewaltsam machtlos machen, fühlen wir uns selbst weniger hilflos. Anstatt aber die Gründe für diese Konflikte zu verstehen, geht man mit dem Gesetz und staatlicher Gegengewalt dagegen vor, ohne genauer darüber nachzudenken. Wenn wir die natürlichen Triebe gewaltsam unterdrücken, anstatt sie zu verstehen und anzuerkennen und zielführende Wege zu suchen, wie man diese abbauen kann, wird sich die Lage nicht verbessern.

Achtung, jetzt kommt eine kontroverse Meinung:

Die heutige Gesellschaft hat es mit Sozialverhalten, Moral und Ethik übertrieben. Wir erschaffen tausende von Gesetzen, um zu verhindern, dass dumme Menschen sich selbst mit ihrem Verhalten umbringen. Nehmen wir nur mal die USA als Beispiel. Dort gibt es immer wieder Menschen, die etwas Dummes tun und dann den Hersteller eines Produkts oder sogar den Staat verklagen, weil dieser nicht daran gedacht hat, eine Warnung für Menschen aufzudrucken, die nicht über gesunden Menschenverstand verfügen.

Sehen wir uns doch nur die von den sozialen Medien geschädigten Jugendlichen an, die freiwillig giftiges Waschmittel essen, weil es als *Challenge* deklariert wurde. Wenn das nicht natürliche Auslese ist, dann weiß ich es auch nicht.

Wann immer wir einen Weg finden, die Evolution mit unserer Moral und Kontrolle zu umgehen, findet die Natur einen anderen Weg, sie umzusetzen. Das hat nichts mit Moral zu tun und man kann es finden, wie man möchte, es ist schlicht der Lauf der Dinge.

Ist euch mal aufgefallen, dass alle Geschichten, die jemals erzählt wurden, egal ob Abenteuer, Liebesgeschichten, Epen, Krimis oder was auch immer, einen zentralen Konflikt beinhalten? Warum gibt es kaum bis keine Geschichten, die harmonisch und ohne jede Auseinandersetzung sind? Weil es uns langweilen würde. Konflikte und Kämpfe sind für uns Menschen ein natürliches Interesse.

Viele Frauen lieben Liebesfilme, in denen sich der Protagonist mit der Liebe für den zentralen Wunschpartner der Geschichte gegen eine andere Frau, einen anderen Mann, die Schwiegereltern oder eine andere Hürde durchsetzt. Solche Geschichten beinhalten recht selten physische

Gewalt, aber es handelt sich um emotionale Konflikte und geistige Auseinandersetzungen.

Männer sind da weniger subtil. Aufgrund ihrer natürlichen Triebe haben sie einen deutlicheren Hang zur körperlichen Gewalt, weswegen viele Männer Actionfilme und Kampfszenen mögen.

Konflikte resonieren mit unseren tiefsten Urtrieben, unserer Evolution. Ohne Gewalt und Evolution wären die meisten Spezies bereits ausgestorben, weil die Natur gnadenlos ist.

Man kann also nicht einfach behaupten, Gewalt sei schlecht. Ganz im Gegenteil machen uns Konflikte stärker. Die Frage ist also eher, ob ein bestimmter Fall, bei dem Gewalt angewendet wird, sinnvoll ist oder nicht.

Alles klar, du willst sagen, dass man nichts verallgemeinern sollte. Können wir jetzt über was Schöneres reden?

Einen Kommentar habe ich zu dem Thema noch. Wie eben beschrieben, dient Gewaltanwendung evolutionär dazu, Schwäche auszumerzen. Bereits seit mehr als 1.000 Jahren ist das aber leider nicht mehr ganz so zutreffend. Sicherlich siegt die Natur in Einzelfällen noch, aber oft nicht mehr.

Der Grund ist, dass die Menschen sich von wenigen Personen anführen lassen. Wenn dieser Anführer (oder mehrere) zu der eher unterbelichteten Kategorie Mensch gehört, was in der Geschichte recht oft vorkam, insbesondere bei Erbtiteln, läuft es leider anders ab.

Nehmen wir der Einfachheit halber zwei Könige. Einer von ihnen ist ein guter Herrscher, der sein Volk liebt und ihnen Gutes tut, wo immer er kann (sowas gab es wenn überhaupt nur sehr selten – ihr wisst ja, die Gier). Der andere König ist ein offen gieriger Mann, der sein Volk ausbluten lässt, um sich an den Steuern zu bereichern, während die Leute vor seinen Toren verhungern. Sagen wir, diese beiden Könige beginnen einen Krieg. Der gierige König zwingt all seine Leute dazu, als Soldaten für ihn zu kämpfen. Der gute König nutzt nur ein Minimum an Soldaten und lässt jedem die Wahl.

Welcher der beiden Könige wird wohl gewinnen?

Letztendlich handeln wir mit diesem Verhalten der Evolution zuwider. Ein Dummkopf löst einen Krieg aus, bei dem unzählige Menschen sterben, aber so oder so überlebt der Dummkopf und viele wesentlich besser geeignete Menschen sterben ohne guten Grund für die Gier dieses einen Menschen. Indem das Volk sich von diesem gierigen König regieren lässt, verhindern sie eine Weiterentwicklung in die richtige Richtung. Und genau so läuft es auch heute noch. Jene, die in einem Konflikt vermutlich als erste sterben würden, schicken andere vor und opfern evolutionär gesehen besser geeignete Menschen für ihre Gier.

In Ordnung, genug Philosophie für dieses Kapitel.

07
Glaube und Religion

Jetzt geht es an Eingemachte! Das Thema Religion ist für sehr viele Menschen ein extrem heikler Diskussionsstoff. Wie gesagt, ich nehme mir diesen Bereich vollkommen rational und wertungsfrei vor. Wem es dennoch zu viel ist, der kann dieses Kapitel gerne überspringen. Für alle anderen kommt jetzt eine ganze Reihe von Denkanstößen.

Bevor wir in die philosophischen und rationalen Überlegungen eintauchen, sollten wir, wie immer, zunächst die Ursprünge und Entwicklungen der verschiedenen Glaubensformen verstehen.

Also stelle ich hier die Frage: Warum glauben wir an Dinge?

Wie ich bereits am Anfang des Buches erwähnt habe, ist eine Form der Gier die Neugier. Es ist ganz natürlich, dass wir unser Umfeld verstehen wollen, um überleben zu können. Schon kleine Kinder stellen viele Fragen, damit sie sich orientieren können. Wenn wir verstehen oder praktisch erleben, dass Feuer heiß ist, können wir es als Gefahr einstufen.

Die Welt und alles darin ist jedoch unendlich komplex, sodass es unmöglich ist, die tatsächlichen Antworten auf alle Fragen des Lebens zu kennen. In den Tagen, als der Mensch die geistige Kapazität entwickelte, eine Sprache zu formen und kluge Fragen und Beobachtungen zu bilden, stand er noch ganz am Anfang. Sämtliches Wissen baut aufeinander auf und es erfordert Zeit, das eigene Wissen zu erweitern.

Um also Antworten auf Fragen zu erhalten, die wir noch nicht verstehen, erfindet unser Gehirn eine plausible Lösung, um die Lücke zu schließen. Je länger wir keine Antwort auf eine Frage erhalten, desto energischer sucht das Gehirn, weil es uns keine Ruhe lässt – das kennt ihr sicher bei euch selbst auch.

Es ist also eine entsprechende Erleichterung, wenn jemand daherkommt, um uns eine plausibel klingende Lösung anzubieten. So entsteht Glaube. Eine Person kommt auf eine sinnvoll scheinende Antwort und teilt sie mit anderen. Da das Gehirn eine zufriedenstellende Lösung bekommt, sucht es nicht weiter, auch wenn diese Lösung falsch sein sollte. Und da Wissen aufeinander aufbaut, wird diese falsche oder unbewiesene Annahme zur Grundlage weiterer Antworten, die im Falle einer erfundenen Grundlage ebenfalls allesamt keinen Realitätsbezug haben.

Ein weiterer Faktor, den man immer wieder beobachten kann, ist, dass das menschliche Gehirn faul ist. Im Idealfall wählt es aus einer Fülle möglicher Erklärungen stets die einfachste.

So kam es, dass unsere heidnischen Vorfahren sich fragten, woher Donner, Regen, Schwerkraft und andere Naturphänomene kommen. Da sie aber noch keine wissenschaftlichen Versuchsreihen und mathematische Annäherungen kannten, war die einfachste denkbare Lösung, dass diese Dinge von einer Wesenheit gelenkt wurden, die man als *Gott* bezeichnete. Zunächst waren das diverse mehr oder minder unsichtbare Kreaturen, die bewusst die Umwelt beeinflussten, um so den Menschen ihren Willen mitzuteilen.

An dieser Stelle zeigte sich zum ersten Mal die menschliche Tendenz, sich selbst stets im Mittelpunkt aller Dinge zu sehen. Wieso sollte ein

Naturgott Tag und Nacht wechseln lassen, wenn er damit nicht den Schlafrhythmus des Menschen beeinflussen wollte?

Diese Denkweise, die Handlungen der Götter einzig und allein auf uns selbst zu beziehen, führte auch zur entsprechenden Folgerung, unsere Taten könnten diese Wesen ebenfalls beeinflussen. Opfergaben und ähnliche Praktiken sollten die Götter besänftigen und das Gewitter beruhigen oder die Ernte segnen. Natürlich erkannten einige Menschen mit der Zeit Muster in der Natur, doch sie erkannten sie nicht als Muster, sondern als den klaren Willen eines Gottes. Anstatt ihre Gottesanbetung zu hinterfragen und die Naturgesetze genauer zu studieren, hielten sie an ihrer inzwischen etablierten Überzeugung fest.

Warum taten sie das? Weil es einfacher war, als ihre gesamten Glaubenssätze, die Fundamente ihrer Weltanschauung, anzupassen. Dann hätten sie auch alle darauf aufbauenden Erklärungen neu definieren müssen. Also blieben sie bei Göttern.

Diese sehr simple Art des Glaubens findet man selbst heute noch bei Eingeborenenstämmen, die in Urwäldern so leben, wie wir es alle einst taten.

Der Mensch wurde sich irgendwann seiner eigenen Emotionen, Triebe und Verhaltensweisen immer mehr bewusst, konnte aber auch hier nicht erklären, woher diese kamen. Anstatt nun also dieses Verhalten zu beobachten und Thesen aufzustellen, nutzte man einfach das bereits etablierte Götterkonzept und erweiterte stattdessen dieses. Aus den einfachen Verkörperungen der Natur wurden ganze Götterfamilien mit Kindern, Geschwistern, Verwandschaftsgraden und Beziehungen untereinander. Die Eigenschaften und Verbindungen, die der Mensch bei sich selbst erkannte, wurden auch den Gottheiten zugeordnet.

Aus diesem Konzept entwickelten sich mit der Zeit neue Götter, die nicht nur die natürlichen Phänomene kontrollierten, sondern auch menschliche Phänomene abdeckten. Das waren Dinge wie Krieg, Schönheit, Liebe und andere Attribute. Jeder menschlichen Charakteristik wurde ein Gott zugeteilt, sodass daraus eine komplexe Geschichte wurde, die sich je nach Geografie und Epoche unterschied.

Man erkennt bei genauem Hinsehen und Vergleichen die Gemeinsamkeiten vieler Götter, die von verschiedenen Kulturen stammen, aber dieselben Werte verkörpern. Der oberste aller Götter, den die alten Griechen Zeus nannten, wurde von den Wikingern Odin genannt und die Ägypter nannten ihn Ra. Den Gott des Todes nannte man in Griechenland Thanatos, während er in Ägypten Anubis genannt wurde.

Wenn man dieser Vermutung von Weiterentwicklungen einstiger Naturkräfte folgt, kommt man zu einer auf Beobachtung basierenden These. Vielleicht waren es keine Götter, die uns nach ihrem Abbild erschaffen haben, sondern es war der Mensch, der die Götter nach seinem Abbild erschaffen hat. Zunächst als akzeptable Erklärung für die Phänomene der Natur, später als Erklärung für menschliches Verhalten.

Also willst du uns sagen, dass Religion aus Unwissenheit entstanden ist?

Ich berufe mich auf meine ursprüngliche Aussage, dass niemand alles wissen kann. Vielleicht gibt es Götter, vielleicht nicht. Basierend auf rationalen Beobachtungen gibt es jedoch rückblickend keine eindeutigen Hinweise, die nicht auch auf natürliche Phänomene zurückzuführen wären. Viele der göttlichen Eingriffe in unsere Welt konnten zwar damals nicht anders erklärt, können mit dem heutigen Wissen allerdings durchaus auch wissenschaftlich hergeleitet werden. Vulkanausbrüche,

Feuer, Krankheitsepidemien, das alles wurde einst als göttliche Strafe betrachtet, ist aber letztlich inzwischen auch anders zu erklären.

Die Tatsache, dass es überall auf der Welt andere Götter gab, die stets den Lebensumständen des jeweiligen Volkes entsprachen, könnte rational auch als Hinweis darauf gelten, dass es der Mensch war, der sich seine eigenen Gottheiten erschaffen hat.

Wie ich eingangs sagte, entscheidet jeder Mensch selbst, was er glauben möchte, daher kritisiere ich hier auch keinen Glauben.

Aber gehen wir weiter in der Geschichte. Da die meisten Menschen das Gotteskonzept und die Existenz ihrer jeweiligen Götter nicht anzweifelten, weil sie es von klein auf beigebracht bekamen, widmeten manche Menschen ihr Leben dem Dienst eines bestimmten Gottes. Diese Priester und Propheten wurden von ihren Mitmenschen stets respektvoll behandelt, weil sie »*das Wort dieses Gottes*« verbreiteten.

An diesem Punkt kam dann wieder die Gier ans Tageslicht. Es gab Priester, die Gefallen daran fanden, die Opfer, Abgaben und die Unterwürfigkeit der Leute zu empfangen. Sie nutzten dies für sich selbst und erkannten, dass sie es nur als den Willen des von ihnen repräsentierten Gottes verkaufen mussten, damit das Volk alles tat und ihnen alles gab, was sie wollten. Wer hinterfragte schon einen Boten der Götter?

Menschen waren bereit, ihren gesamten Besitz abzugeben, ihre Kinder zu opfern und ihr eigenes Leben zu geben, um einem Gott zu gefallen. Nur dass kein Gott diese Forderungen stellte, sondern ihre Priester. Wenn sich Menschen auf ein Wort hin von einer Klippe stürzen, einem ihr gesamtes Hab und Gut überlassen und auf die Knie fallen, wer würde da nicht mit dem Gedanken spielen, das auch für eigene Zwecke auszunutzen?

Du unterstellst jetzt antiken Priestern, sie hätten den Glauben ihres Volkes für Macht und Reichtum ausgenutzt?

Ja. Ein echter Schock, oder?

Aber fragt euch selbst: Würde ab sofort jeder Mensch um euch herum alles tun, was ihr sagt, euch alles einfach umsonst geben und alles für euch tun, was würdet ihr tun? Ihr würdet euch ein paar schöne Sachen gönnen, oder nicht? Vielleicht würdet ihr auch ein paar kleinere Dinge verändern, die eurer Meinung nach nicht ganz in Ordnung sind? Ist ja nichts Großes. Schadet ja niemandem. Aber sich mal so richtig wertschätzen und feiern zu lassen wäre schon klasse, oder? Nicht mehr arbeiten, tun was man will ... klingt verlockend.

Wenn ihr euch auch nur bei einem einzigen dieser Gedanken selbst wiedererkennt, merkt ihr, wie reizvoll es sein kann, wenn man Macht hat. Gerade in einer Zeit der Gewalt und der Armut wie bei den alten Griechen und Ägyptern hätte man nach jedem Strohhalm gegriffen, ein besseres Leben zu führen. Da ist es doch nicht abwegig, seine Zeit als Priester zu genießen.

Je mehr Macht und Reichtum die Priester erhielten, desto stärker fürchteten sie, diese wieder zu verlieren. Die Gier übernahm das Steuer. Die Kriterien, um Priester zu werden, wurden verschärft. Es konnte nicht mehr jeder Bauer, der lieber einem Gott dienen wollte, plötzlich in den Genuss dieser Privilegien kommen. Am Ende würde jeder erfahren, dass man dem Leben in Armut so leicht entrinnen kann. Dann würden sich Macht und Reichtum ja reduzieren und das durfte nicht passieren.

Selbst Regenten, Könige und Kaiser wurden durch die Gnade der Götter erwählt und folgten dem Rat eines Priesters, sodass diese ganze

Reiche beeinflussen und kontrollieren konnten. Es ist keine Überraschung, dass ein Mensch, der lange Zeit über Macht verfügt, nach und nach den Bezug zur Realität verliert. Mit diesem Verlust geht auch der Verlust von Empathie, moralischer Charakterstärke und Detailwissen über die realen Vorgänge in einem Land einher.

Über die Jahrhunderte wurden die Gottesbilder immer komplexer und undurchsichtiger, was den Priestern zwar half, ihre Überlegenheit zu argumentieren, aber das Volk verlor ebenfalls die Nähe zu den Göttern. Man konnte ja nicht pro Tag vier Göttern opfern und sich all die Rituale und Regeln merken. Das Konzept des Polytheismus stieß an seine Grenzen.

So kam es, dass jemand auf die Frage kam, wieso es so viele Götter geben musste. Wieso konnte nicht ein einziger, allmächtiger Gott einfach alle Existenz erschaffen und die volle Kontrolle haben? Das hatte einen entscheidenden Vorteil. Anstatt jedes natürliche und menschliche Phänomen mit einem anderen Gott zu erklären, konnte man einfach alles diesem einen Gott zuschreiben. Jede Wissenslücke konnte von diesem Gott gefüllt werden. Wozu sollte man erforschen, wieso es Ebbe und Flut gibt, wenn es einfach dieser Gott ist, der dafür verantwortlich ist?

Damit dieser Wechsel zu einem einzigen Gott gelingen konnte, brauchte man eine Erklärung, denn es würden Fragen kommen. Also musste eine komplett neue Schöpfungsgeschichte her. Anstatt den Menschen und die Welt durch das Erschlagen von Riesen oder Titanen erschaffen zu haben, hatte dieser Gott gar keine nachvollziehbare Hintergrundgeschichte nötig. Anders als Odin, der der Sohn des Bor war, oder Zeus, der mit seinen Brüdern vom Titanen Kronos abstammte, brauchte dieser Gott weder einen Namen noch einen Ursprung. Er war einfach da und hatte unbegrenzte Macht, um einfach alles zu erschaffen.

Die Bibel wurde bewusst in Metaphern und Gleichnissen verfasst, damit sie schwerer zu verstehen ist. Man war bereits damals zu deutlicheren Texten fähig, also kann man dort Absicht vermuten. Man sollte auch beachten, dass die Verfasser der Bibeltexte selbst nicht über das Wissen verfügten, die tatsächlichen Vorgänge zu verstehen, und sie deshalb als Wunder deklarierten. Zudem wird vieles ausgelassen, was den Gläubigen die Möglichkeit gibt, diese Lücken mit eigenen Antworten, die ihre Köpfe selbst erdacht haben, zu füllen. Dadurch festigte sich der Glaube noch mehr.

An dieser Stelle kommt wieder die menschliche Arroganz zum Tragen. Wieso sollte ein allmächtiges Wesen, dessen Möglichkeiten grenzenlos sind, sich die Mühe machen, ein so sündiges und fehlerbehaftetes Geschöpf wie den Menschen zu kreieren? Und noch viel wichtiger: Wieso sollte er sich bemühen, danach auf uns herabzublicken und all unser Handeln zu beobachten und über uns zu richten? Über jeden Einzelnen von uns? Wenn er die gesamte Existenz und Galaxie erschaffen hat, könnte er genauso gut gerade in der Andromeda-Galaxie sein und eine andere Schöpfung kreieren. Ich bin ziemlich sicher, ein allmächtiges Wesen hätte besseres zu tun, als sich den ganzen Tag unser Durcheinander anzuschauen. Immer wieder denkt der Mensch, alles dreht sich nur um ihn.

Aber zurück zu Gott. Bereits vor der Zeit von Christentum, Judentum und Islam bekriegten sich die verschiedenen Völker, weil sie nicht denselben Glauben hatten. Doch seit dem Aufkommen des Christentums wurde diese Tendenz noch stärker. Da es nur noch einen Gott gab, mussten auch alle Priester für denselben Gott sprechen. Um also ihre gewohnte Position von Macht und Reichtum beizubehalten, mussten sie künftig zusammenarbeiten und durften sich nicht gegenseitig widersprechen. Nur geeint würden die Menschen ihnen folgen, anstatt sie zu hinterfragen. Und so entstand die Kirche.

Das klingt jetzt aber alles andere als neutral und rational, Kevin. Kann es sein, dass du ein kleiner Kritiker bist?

Versteht mich nicht falsch. Ich bin absolut der Überzeugung, dass viele Geistliche damals wie heute diesen Weg gewählt haben, weil sie sich dazu berufen fühlen. Sie haben den inneren Drang, Gutes zu tun und sehen den Weg des religiösen Seelsorgers und des Verbreiters göttlicher Weisheit als ihre Chance dazu. Das ist eine noble und bemerkenswerte Einstellung. Man erkennt jedoch den Unterschied in der Geschichte. Ein Diener eines Gottes, der lediglich den Willen seines Schöpfers umsetzen und weitergeben möchte, strebt nicht nach Reichtum oder weltlichen Freuden. Viele Mönche und Priester lebten in armen Verhältnissen und sahen Besitz als weltlichen Ballast, der sie von ihrem Gott distanzierte.

Interessanterweise horteten höherrangige Geistliche dennoch Gold und Juwelen und verlangten Abgaben von den Menschen. Irgendwo auf dem Weg die kirchliche Hierarchie hinauf muss die Distanz durch weltlichen Besitz wohl abhandengekommen sein. Was auch die Frage aufwirft, wozu eine religiöse Institution eine Hierarchie benötigt. Jeder soll vor Gott gleichgestellt sein, und doch werden ein Papst oder ein höherer Geistlicher als bedeutender angesehen, was in meinen Augen ein Widerspruch ist. Bürger, die der Kirche etwas gaben, damit die Priester und Mönche leben konnten, waren eine Sache, aber es zu verlangen, deutet auf ein ganz anderes Motiv hin. Hat da eventuell wieder die Gier ihr hässliches Haupt gereckt?

Ich behaupte, dass viele Geistliche, die ursprünglich gute Absichten hatten, von der Macht und dem Reichtum korrumpiert wurden. Zudem gab es sicher auch einige, die nur deswegen zur Kirche gingen. Und da Gier meist mit Ambition und Skrupellosigkeit einhergeht, sind diese weniger idealistischen Menschen meist an der Spitze einer Organisation zu finden.

Schnell merkten diese weniger hingebungsvollen Mitglieder der Kirche, dass sie gemeinsam wesentlich mehr erreichen konnten. Allerdings wurde auch der Anteil an Macht und Reichtum für jeden von ihnen kleiner, seit es nur noch einen Gott gab. Um dem entgegenzuwirken, brauchten sie mehr. Mehr Macht und Reichtum erforderte, dass sie mehr Land, mehr Menschen und mehr Besitz erobern mussten. Aber wieso sollte man sich die Hände selbst schmutzig machen, wenn doch so viele Gläubige alles für ihren Gott tun würden?

Und das ist meine Erklärung für die Kreuzzüge, die Eroberung Südamerikas und aller anderen religiös motivierten Konflikte der letzten Jahrtausende. Einst war die Religion ein Weg, die Mysterien unserer Umwelt verstehen zu können. Daraus entwickelte sich eine kulturelle Tradition, die dazu diente, den Menschen Hoffnung, ein Ziel im Leben und einen Sinn zu geben. Indem sie so bedeutsam für die Menschheit wurde, aber auf Unwissenheit unserer Vorfahren beruht, kann man sie in jede beliebige Richtung verändern, da niemand Beweise liefern muss. Diesen Umstand konnte die Gier in uns ausnutzen, um aus der Religion ein Werkzeug der Kontrolle zu machen.

Aus dem gütigen Gott, der Vergebung und Liebe bringt und den Menschen Hoffnung in schweren Zeiten machen sollte, wurde der strafende Gott, der uns in die Hölle zu den Dämonen schickt, wo wir auf ewig leiden müssen, wenn wir nicht tun, was die Kirche uns sagt. Dadurch konnten sich einzelne, ihrer Gier unterlegene Menschen, die Macht über die gesamte Menschheit sichern.

Interessanterweise gab es trotz der allgegenwärtigen Religion immer wieder Menschen, die dennoch versuchten, die ursprünglichen Fragen zu beantworten, die unsere Vorfahren nicht beantworten konnten. Männer wie Sokrates, Hippokrates, oder später Galileo Galilei, Nikolaus Kopernikus oder Isaac Newton wussten, dass Religion ursprünglich nur ein Ersatz sein sollte, bis man die eigentlichen Naturgesetze verstehen lernte. Doch die mächtigen Männer der Kirche wollten nicht riskieren, dass das Volk anfing, sie zu hinterfragen.

Ich würde gern an dieser Stelle einwerfen, dass ich diese mächtigen Kirchenmänner hier keineswegs verteufeln will – kleiner Scherz am Rande. Es waren alles Personen, die ihr Handeln als zielführend empfanden. Sie dachten, ihre Intelligenz wäre den Bauern und Handwerkern überlegen und daher hätten nur sie die Weisheit und Weitsicht, den Verlauf der Welt zu lenken. Würde das Volk aufbegehren, ging es nicht nur um den Verlust von Macht und Reichtum. Es ging auch darum, dass man fürchtete, die Welt könnte untergehen, wenn keine kluge und starke Hand sie mehr anleitete. Wie hätten wir in ihrer Situation gehandelt? Zumal auch zur Zeit des Römischen Reiches und danach die Alternative ein Leben in Armut in der Gosse oder als Arbeiter mit schwieligen Händen war.

Jedenfalls nutzten die Kirchenoberhäupter Spionage, Denunziation und sogar Gewalt und Attentate, um die Verbreitung der wissenschaftlichen Erkenntnisse dieser Gelehrten zu verhindern. Es ist historisch belegt, dass Galileo Galilei von der Kirche bedroht wurde, seine Ergebnisse für sich zu behalten. Er wurde sogar inhaftiert, weil er die Lehren des Kopernikus vertrat und die Sonne im Zentrum unseres Sternensystems sah.

Viele der Denk- und Verhaltensweisen der Kirche zur damaligen Zeit kann man heutzutage in der Politik beobachten. Es ist die gleiche Art der Massenkontrolle in einem neuen Gewand. Zwar ist es der Zweck einer Regierung, die Menschen zu leiten, doch die Methoden haben sich nur unwesentlich verändert. Aber darauf gehen wir später noch näher ein.

Nun würde ich gern einmal über die religiöse Entwicklung im asiatischen Raum sprechen, die sich in eine gänzlich andere Richtung bewegt hat. In den frühen Tagen gab es auch in Ländern wie China oder Japan vielfältige Gottesbilder, wobei diese dort meist eher als Geister oder Dämonen bezeichnet wurden.

Bereits die Kultur vieler asiatischer Reiche früherer Tage war völlig anders als im europäischen Raum. Dort waren die Götter stärker mit dem Land und dem Volk verbunden, sodass man in Kulturen wie dem feudalen Japan bereits die Existenz anderer Religionen kannte und akzeptierte. Die dortige Religion wird Shintoismus genannt und besteht aus einer Reihe verschiedener Kulte und Glaubensformen, die sich an die Kami richten, eine nicht definierte Zahl von Gottheiten und Geistern, die jede mögliche Form haben können. Dabei umfassten die möglichen Gebete an den sogenannten Shinto-Schreinen zum Teil auch die Gottesbilder anderer Religionen. Besonders der Buddhismus vermischte sich stark mit dem Shintoismus, sodass Gottheiten aus Japan, China und Korea dort verbreitet waren. Dort gab es kaum religiös motivierte Konflikte, bis in der Meiji-Periode eine Trennung zwischen den beiden Kernreligionen vorgeschrieben wurde. Dennoch koexistierten die verschiedenen Glaubensrichtungen und auch die Religionen anderer Teile der Welt wurden dort akzeptiert, wobei die klassische Buchreligion der westlichen Welt dort in frühen Zeiten kaum bekannt war.

Die Mentalität der Chinesen und Japaner war stark vom Konzept der Ehre geprägt. Sie respektierten ihre Vorfahren, deren Geister ebenfalls an Schreinen oder Grabstätten geehrt wurden. Nach ihrem Glauben musste man sich gemäß den traditionellen Regeln und dem Ehrenverständnis ihrer Kultur verhalten, um die eigenen Vorfahren nicht zu entehren. Der Ehrbegriff und die strikten Traditionen waren häufiger der Grund für Clankriege oder Schlachten, als es die Gottheiten je waren. Diese rief man lediglich um Beistand und ihren Segen an.

Zudem erkennt man in den Geistern und Dämonen der japanischen Kultur noch immer viele Parallelen zu den Naturkräften, sodass man dort an der ursprünglichen ersten Erklärung für die Umwelt festhielt.

Auch andere asiatische Kulturen waren stärker auf Traditionen, Familie und vor allem auf Spiritualität aufgebaut. Beispielsweise waren die Mongolen eines der historisch wohl bekanntesten Eroberervölker der Welt, aber sie griffen weder im Osten noch im Westen ein anderes Land an, nur weil dort ein anderer Glaube herrschte. Die Religion anderer kümmerte sie weit weniger als das Streben nach Macht und Reichtum. Sie unterlagen ihrer Gier sehr direkt.

Die Neigung zur Spiritualität und speziell dem Einklang mit der Natur kann man auch bei den indigenen Stämmen des amerikanischen Kontinents beobachten. Viele der Indianerstämme der Mohawk, Shoshoni, Cheyenne, Komantschen und zahlloser anderer Völker glaubten oder glauben noch heute an die Existenz von Natur- und Tiergeistern.

Was man allerdings anhand der asiatisch begründeten Religionen leicht erkennen kann, ist der eben erwähnte Begriff der Spiritualität. Selbst der Hinduismus, der ebenfalls viele Gottesbilder verwendet, beruht zu großen Teilen auf dem Konzept der Spiritualität.

Alles klar, Kevin, dann erleuchte uns mal, was das ist.

Wie der Name schon sagt, ist Spiritualität vom lateinischen Wort Spiritus, also Geist, abgeleitet. Wir reden hier nicht vom Grillanzünder. Es handelt sich dabei um das Verstehen und Meistern des eigenen Geistes. Das kann in diversen Formen passieren. Auch die Esoterik baut auf dieser Grundidee auf, dass der Körper vom Geist gesteuert wird. Wer seinen Geist beherrscht, erlangt auch mehr Kontrolle über seinen Körper.

Es ist kein Geheimnis, dass die bekanntesten Religionen des asiatischen Raums, egal ob Hinduismus, Buddhismus oder Taoismus, allesamt einen starken Fokus auf dem eigenen Selbst haben. Der erste Buddha war bekannt dafür, sehr weise und erleuchtet zu sein. Diesen Zustand erreichte er, indem er beobachtete. Sich selbst und die Welt um sich herum. Er betrachtete die Gesetzmäßigkeiten und Muster in der Natur und den Menschen, um daraus Thesen abzuleiten.

Es gibt viele Gemeinsamkeiten von Buddhismus und Taoismus, man vermutet sogar, dass der Buddhismus aus dem Taoismus hervorging. Ich will hier gar nicht sonderlich tief in die religiöse Materie einsteigen, sondern vielmehr auf die Natur dieser Religionen verweisen. Gerade der Taoismus soll aus einer Kombination alter, schamanistischer Praktiken und philosophischer Überlegungen entstanden sein.

Beide Religionen basieren sehr stark auf dem Meistern des eigenen Selbst. Sie begründen sich nicht so sehr auf Gottesanbetung, sondern auf Philosophie. Beobachtungen und Schlussfolgerungen werden zu Richtlinien und Regeln. Dabei geht es um Geist, Körper und Seele. Der Fokus liegt auf dem Menschen selbst und seiner Fähigkeit, sich zu verstehen und zu meistern. Es geht auch darum, zu hinterfragen und zu beobachten.

Neben Dingen wie Gleichgewicht und Harmonie liegt hier der Fokus auf innerem Frieden. Buddha hatte verstanden, dass Konflikte Unruhe und Disharmonie bedeuten, was kein günstiger Weg zum Glück ist. Das Konzept des Karma und die Idee von Yin und Yang stammen aus dem Buddhismus und Taoismus.

Der Grundgedanke ist hierbei, dass die Welt um uns herum wie auch wir selbst nur Energie sind, die in einer temporären Form existiert. Wenn wir sterben, kehrt diese Energie in ihren Urzustand zurück und kommt in neuer Form auf die Welt. Wie bei elektrischem Strom kehrt die Energie immer zu ihrem Ursprung zurück. Jeder Mensch ist nur Energie, die in diesem Leben eine bestimmte Aufgabe zu erfüllen hat – den Sinn des Lebens. Erfüllen bzw. leben wir diesen nicht, kehrt unsere Energie nach dem Tod in anderer Form wieder, um es erneut zu versuchen, bis sie wieder ihren Ursprung erreicht. So kann man es zumindest in groben Zügen erklären.

Genial, Kevin. Jetzt hör aber mal auf mit deinen Bekehrungsversuchen.

Ich bin kein Buddhist, auch wenn ich diese Religion noch am besten finde. Ich möchte euch aber gern den Zusammenhang zwischen dem alltäglichen Verständnis vom Sinn des Lebens und der religiösen Grundlage dazu vertraut machen. Insbesondere das Karma wird hierbei immer wieder leichtfertig als Begriff verwendet.

Das Karma basiert auf der Grundidee, dass unser Geist mit jedem Gedanken, jedem Verhalten und jedem Wort seine eigene Energie nach außen sendet. Man könnte sich das als eine Art Schwingung vorstellen. Je nachdem, wie die Intention dieses Gedankens oder Verhaltens aussieht, verändert sich die Frequenz dieser Schwingung, manche nennen es vereinfacht gute oder böse Absichten. Karma ist nun das Phänomen, das diese Schwingungen draußen in der Welt Effekte bzw. Resonanzen erzeugen. Welche das genau sind, kann man nie wissen. Eine gute Tat kann noch Jahre später einen Dominoeffekt haben, den man nicht vorhersehen kann. Und von Natur aus zieht unsere körpereigene Energie andere Energie mit derselben Schwingung an. Wieder vereinfacht gesagt zieht positives Denken und Handeln positive Dinge an.

Rational betrachtet kann man sagen, dass laut karmischem Prinzip das passieren wird, worauf wir unseren Geist ausrichten.

Der Unterschied zwischen diesen Religionen und den theistischen Religionen ist, dass wir unser Handeln und unsere Gedanken nicht auf das Wirken eines Gottes zurückführen können, sondern selbst die Verantwortung übernehmen müssen. Viele theistisch gläubige Menschen in der Geschichte nutzten ihre Götter, um ihr eigenes Verhalten zu entschuldigen.

Ich wollte den Mann nicht umbringen, Ares hat es verlangt.

Keine Ahnung warum ich die Halskette gestohlen habe, es muss Loki gewesen sein.

Wir können den Kampf drei gegen 1.000 gar nicht verlieren, weil Gott auf unserer Seite ist. (Spoiler: Sie sind gestorben)

Ich will darauf hinaus, dass sich Menschen immer wieder verantwortungslos verhalten haben, weil sie die Verantwortung für ihre Taten von sich auf einen Gott schieben konnten. Wer aber sein eigenes Handeln nicht selbst verantwortet, kann keine Besserung erwarten.

Es liegt ausschließlich an uns selbst, unser Leben und unsere Welt zu verändern – in welche Richtung wir es auch immer wollen.

08

Folgen des Glaubens

Jetzt haben wir ziemlich ausführlich über den Ursprung der Religionen philosophiert. Dieses Wissen hilft euch hoffentlich dabei, die Natur des Glaubens in unserem Gehirn zu verstehen.

Religion, Aberglaube, Annahmen, Ideen, Theorien – das alles sind verschiedene Ausprägungen, wie das menschliche Gehirn einen Mangel an Informationen mit selbst erdachten Antworten ausgleicht.

Wie ich bereits im vorigen Kapitel angeschnitten habe, baut Wissen aufeinander auf. Wenn man als Kind von seinen Eltern oder Erziehern eine bestimmte Weltanschauung vermittelt bekommt, übernimmt man diese für gewöhnlich. Es ist natürlich möglich, diese erlernten Ansichten später im Leben durch eigene Erkenntnisse zu verändern oder anzupassen. Es ist jedoch in vielen Fällen eher so, dass man diese Grundwerte beibehält, da sich im Laufe des Lebens eine große Menge an erlerntem Wissen, Erfahrungen und Gedanken ansammeln, die durch diese Grundannahmen beeinflusst werden.

Was passiert nun aber, wenn uns im Alltag oder im Gespräch mit einem Kritiker Fragen, Fakten oder Sichtweisen begegnen, die unserer erlernten und verinnerlichten Weltanschauung nicht entsprechen? Nun, das kommt immer darauf an, wie aufgeschlossen und reflektiert man ist.

Wenn man lange und intensiv über seine Glaubenssätze nachgedacht, sie für sich selbst definiert und dazu entschlossen hat, ihnen zu folgen, lässt man sich durch Gegenargumente nicht aus der Ruhe bringen. Es ist ein Zeichen hoher Intelligenz, nach anderen Sichtweisen zu suchen und bei überzeugenden Argumenten die eigene Ansicht anzupassen.

Andere Menschen können das nicht so leicht. Sie sind ebenso gefestigt in ihrem Glauben, sodass sie jeden Fakt, der ihnen präsentiert wird, so auslegen, dass er in ihr Weltbild hineinpasst. Anhand zahlloser Beispiele, darunter auch fromm religiöse Menschen, findet man zu jedem nachgewiesenen Fakt eine Erklärung, die dem eigenen Weltbild entspricht. Man sucht gezielt nach Hinweisen für eine Rechtfertigung, was man in der Psychologie als *Confirmation Bias* bezeichnet.

Jeder Mensch glaubt an das, was er möchte. In den meisten Fällen glauben wir am ehesten die Dinge, die uns plausibel, glaubhaft und logisch vermittelt werden, ob sie nun der Realität entsprechen oder nicht. Genau deshalb sind gute Lügner oft erfolgreich im Leben. Sobald ein Glaubenssatz, eine Meinung, lange und fest genug in unserem Verstand verankert ist, zweifeln wir eher neue Informationen an, als das, was wir schon lange glauben.

Wer nicht reflektiert ist und mit Kritik konfrontiert wird, reagiert meist mit Wut und Aggression auf jegliche Gegenstimmen, da solche Personen geistig nicht bereit sind, sich mit den Folgen auseinanderzusetzen, sollten sie ihren Standpunkt nicht plausibel verteidigen können. Das sind meist dieselben Leute, die ihre eigenen Sichtweisen nicht wirklich durchdacht haben.

Am Ende ist immer entscheidend, ob man einem Glauben folgt, weil man ihn von einem anderen (Eltern, Erzieher, Umfeld) übernommen und schlicht als gegeben hingenommen hat, oder ob man seine Weltanschauung nach eigenen Beobachtungen und Schlussfolgerungen selbst gewählt hat.

Wie zuvor erwähnt, ist es für das Gehirn ein massiver Arbeitsaufwand, die eigenen Werte und Glaubenssätze neu zu bewerten. Man kann sich das Ganze wie ein Gebäude vorstellen. In jungen Jahren geben uns unsere Eltern ihre Glaubenssätze und Werte als Grundstein für unser Leben. Auf diesem Grundstein bauen wir über die Jahre ein großes Gebäude aus Gedanken, Erinnerungen und Erfahrungen, die wir immer weiter auf diesen Grundstein setzen.

Wenn nun jemand oder etwas uns dazu bewegt, eine Erinnerung oder einen Gedanken rückwirkend neu zu bewerten, ist das natürlich wesentlich leichter, je weiter oben dieser Baustein im Gebäude platziert ist, bzw. wie neu dieser Gedanke ist. Je älter und tiefer der Stein eingemauert ist, desto aufwändiger ist es, ihn herauszunehmen und zu ersetzen.

Eine Person, die reflektiert ist und viel über solche Dinge nachdenkt, ist es gewohnt, ihr Gebäude hin und wieder umzubauen und zu renovieren. Sie haben Werkzeuge, erfahrene Handwerker und wissen, wie es möglichst schnell geht. Wenn man sie dazu bringt, ihren Grundstein auszutauschen, ist das zwar keine leichte Aufgabe, aber sie können sie bewältigen und dabei viele Steine unberührt lassen.

Ein unreflektierter Mensch, der verbissen an einem Glauben festhält, weil die Alternative ein Zusammenbrechen ihrer Welt bedeuten würde, haben das Gefühl, dass ihr inneres Gedankengebäude buchstäblich zusammenbricht, wenn der Grundstein wackelt. Zudem müssten sie alle Steine neu aufbauen, was für den Geist eine große Belastung darstellt.

Wenn man diese Metapher versteht, wird einem schnell bewusst, weshalb manche Menschen, gerade religiöse Personen, leicht gereizt reagieren oder sich verschließen, wenn man sie kritisiert. Der religiöse, speziell monotheistische Glaube bietet eine sehr einfache Erklärung für alles, weil alles auf den einen Gott zurückzuführen ist. Man gewöhnt sich daran, weniger Gedanken an das Warum zu verschwenden und ersetzt es stattdessen durch Vertrauen auf den Glauben. Dadurch verlernen viele gläubige Menschen die Fähigkeit, auf jeder Ebene kritisch zu denken.

Das ist auch verständlich, weil es einen sehr reflektierten und gefestigten Geist erfordert, mit der Ungewissheit des Lebens umgehen zu können, ohne sich am Glauben festzuhalten. Sich einzugestehen, dass nur man selbst für sein Leben und der Mensch für den Zustand der Welt verantwortlich ist. Wenn kein Gott zur Rettung eilt, wenn der Mensch einen Fehler macht, muss man die harte Realität akzeptieren. Ein beruhigender Glaube ist da doch wesentlich angenehmer, um im Alltag glücklich sein zu können.

Also hältst du religiöse Menschen für unreflektiert?

Nicht unbedingt. Es gibt alle möglichen Gründe, weshalb man einer Religion folgt. Entscheidend ist hier jedoch, ob man diesem Pfad aus Gewohnheit folgt, oder sich aktiv dafür entschieden hat. Wer argumentativ erklären kann, weshalb er sich z.B. entschieden hat, an den christlichen Gott zu glauben, beispielsweise weil es einem den Alltag erträglicher macht, oder einem persönlich Hoffnung gibt, dann ist das absolut in Ordnung. Wenn man aber einfach an etwas glaubt, nur weil es einem so beigebracht wurde, dem empfehle ich, seine Weltanschauung neu zu bewerten. Daher kann ich nur allen Eltern raten, ihrem Nachwuchs keine Religion aufzudrängen, nur weil man selbst diesen Weg gewählt hat. Es sollte jedem Kind freistehen, seinen Glauben selbst zu erkunden und im Laufe des Lebens anzupassen.

Wer seine Ansichten häufig verändert und dazulernt, ist viel flexibler und hat ein größeres Potenzial, seinen Sinn des Lebens zu finden und glücklich zu sein. Außerdem fördert es Aufgeschlossenheit, Empathie und Verständnis.

Als ich im letzten Kapitel über die Kirche gesprochen habe, erwähnte ich deren Umgang mit den wissenschaftlichen Ansätzen von Personen wie Kopernikus, der genau wie Galileo die Sonne im Zentrum unseres Sonnensystems erkannt hat. Natürlich gab es einige, die deren Wirken aus Angst um ihre Machtposition ablehnten.

Viele andere, besonders Bürger, lehnten ihre Entdeckungen ab, weil sie den gut eingeübten Glaubenssätzen ihrer Religion und Weltanschauung widersprachen. Indem man unterdrückt und ignoriert, was man nicht versteht, ist der Umgang wesentlich leichter, als sich den neuen Ideen zu öffnen. Für die Kirche war es zudem ein Leichtes, diese heidnischen Ketzer als Feinde darzustellen und so einen Gegner zu erschaffen, gegen den die Bevölkerung geeint werden konnte. So konnte auch von den eigenen Fehlern und Unklarheiten abgelenkt werden.

Denken wir an die Gebäudemetapher: Viele Menschen reagieren auf Dinge, die sie nicht verstehen, sofort mit Aggression, Anfeindung, Wut oder sogar mit Hass. Sie fühlen sich derart verunsichert, dass die aufsteigende Emotion Ärger ihnen ein Gefühl von Kontrolle verleiht, diese unangenehme Situation zu vermeiden. Es gibt in der Geschichte zahllose Beispiele für eine so heftige Reaktion der Menschen, die meist von Gruppen wie der Kirche noch geschürt wurden.

Sei es der Rassismus gegenüber Menschen mit anderen Hautfarben, andere Religionen, Behinderungen oder Homosexualität und Transgenderismus – die meisten dieser natürlichen Phänomene werden noch heute in irgendeiner Form als fremdartig oder sogar unnatürlich verurteilt und abgelehnt. Der Grund dafür ist aber immer derselbe. Es ist lediglich eine Sichtweise auf die Welt und den Menschen, die man irgendwann im Leben verinnerlicht und nie wieder hinterfragt hat. Das gilt ebenso für ganze Institutionen wie Regierungen oder Kirchengemeinden, die bis heute an ihren unreflektierten, veralteten Sichtweisen festhalten, weil sie die Alternative fürchten, ohne sie zu kennen.

In sehr vielen Fällen sind Personen, die ein Problem mit Homosexualität haben, noch nie bewusst einem homosexuellen Menschen begegnet oder haben mit einer solchen Person gesprochen. Ihre Ansicht ist geprägt von der Meinung anderer und den zum Teil sehr überspitzten Beispielen, die man hin und wieder in den Medien gezeigt bekommt.

Ganz egal, um was es sich handelt, wenn der Mensch etwas begegnet, das er nicht versteht, fürchtet er es. Und diese Angst schlägt meist schnell in Ärger um. Das ist natürlich bis zu einem gewissen Punkt unser urzeitlicher Überlebensinstinkt, der bei unbekannten Dingen potenzielle Bedrohungen fürchtet und uns vorsorglich in den Kampfmodus versetzt. Allerdings sollte es in der heutigen Zeit leicht möglich sein, derart engstirnige Denkmuster abzulegen.

Wenn man sich Geschehnisse der jüngeren Geschichte anschaut, erkennt man viele Parallelen zu Ereignissen, die vor Jahrhunderten stattgefunden haben. Gerade in den USA reagieren einige Bürger auf Skandale, indem sie nicht nur demonstrieren, sondern revoltieren. Sie ziehen durch die Straßen, sind gewaltbereit, plündern Geschäfte und stecken Autos in Brand. Dabei ignorieren sie in ihrem Rausch völlig, dass sie damit nur sich selbst schaden und gleichzeitig beweisen, dass sie nicht über die Argumente oder Mittel verfügen, ihr Anliegen auf andere Weise zu vermitteln.

Wenn ich solche Bilder sehe, erinnert mich das erschreckend stark an das Bild von Bauern und Bürgern vor einigen Jahrhunderten, die kopflos und völlig fanatisch mit Fackeln und Heugabeln losgezogen sind. Es ist derselbe wütende Mob, der einst losgezogen ist, um vermeintliche Hexen zu verbrennen, nur weil sie sich mit Kräutern auskannten und sie eigentlich hätten heilen können. Der Mensch verdammt, was er nicht versteht.

Die Tatsache, dass wir noch heute wie Wilde reagieren und dabei lediglich modernere Fackeln und Mistgabeln verwenden, wenn wir wütend werden, zeigt deutlich, wie wenig wir uns in den vergangenen Jahrhunderten weiterentwickelt haben. Trotz aller Aufklärung, allem Wissen und aller Technologie sind wir in unseren Köpfen kaum zivilisierter geworden.

Die Gesellschaft versucht, unsere Natur durch Gesetze und Regeln zu unterdrücken, aber beim kleinsten Anzeichen von Problemen werfen viele diese Regeln sofort über Bord und folgen ihren gewalttätigen oder kurzsichtigen Trieben. Das ist weder gut noch schlecht, es ist einfach unsere Natur. Allerdings ist es für unsere Ziele meist wenig zielführend, jegliche Selbstkontrolle zu verlieren.

Trotz aller Zivilisiertheit, moralischer Prinzipien, ethischer Grundsätze und Gesetze müssen wir uns bewusst sein, dass der Mensch ein Tier ist, der immer noch die Triebe der Urzeit in sich trägt. Aus diesem Grund fühlen sich viele von uns im Alltag eingeschränkt und manchmal sogar unwohl. Das liegt daran, dass wir nicht unserer Natur folgen dürfen. Das mag jeder nach eigenem Ermessen beurteilen, aber es wäre sinnlos, die Menschheit nach den Kriterien der Zivilisation zu bewerten, von denen sich viele wünschen, dass wir sie hätten, die aber kein Mensch wirklich erfüllen kann. Jeder von uns ist einzigartig und das gilt auch für die Ausprägung unserer Instinkte, die man nicht unterdrücken kann.

Es ist wesentlich realistischer, sich den Menschen wie ein von der Gesellschaft dressiertes Tier vorzustellen. Viele machen jedes Kunststück auf Befehl und sind handzahm, andere sind störrisch und widerspenstig und wieder andere lassen sich nicht zähmen und schlagen um sich, wenn man es versucht. Das ist völlig normal und basierend auf der Evolution auch nachvollziehbar.

In der Videospielreihe *Assassin's Creed* von Ubisoft gibt es ein Kredo, dem die Protagonisten folgen. Es basiert auf einer Aussage von Friedrich Nietzsche und lautet: *Nichts ist wahr. Alles ist erlaubt.*

Der Protagonist Ezio Auditore da Firenze, erklärt diese beiden Grundsätze wie folgt:

Wer sagt, dass nichts wahr ist, hat die grundsätzliche Zerbrechlichkeit der Gesellschaft erkannt, und dass wir die Hüter unserer Kultur sein müssen. Ein anderes Zitat lautet: *Wo andere blindlings der Wahrheit folgen, bedenke: Nichts ist wahr.*

Es sagt aus, dass nichts wahr oder falsch ist, weil niemand die Wahrheit kennt. Jeder von uns kann wählen, was immer wir für wahr halten und was wir glauben möchten. Es gibt nur Tatsachen und Meinungen. Während Tatsachen beweisbar sind, sind Meinungen weder beweisbar noch widerlegbar. Beides können wir annehmen oder ablehnen. Niemand kann uns diktieren, was wir glauben sollen. Das Konstrukt unserer Gesellschaft ist eine Illusion, in der viele Menschen gefangen sind. Wer sie durchschaut, erkennt all die kleinen Hinweise, wo sie Lücken und Risse hat.

Wer sagt, dass alles erlaubt ist, hat erkannt, dass wir die Archi-
tekten unserer Handlungen sind, und mit ihren Konsequenzen leben
müssen, seien sie ruhmreich oder tragisch. Oder auch: *Wo andere*
begrenzt sind, von Moral oder Gesetz, bedenke: Alles ist erlaubt.

Dieser Satz sagt aus, dass wir allein entscheiden, wie wir im Leben
handeln wollen. Wir setzen uns Ziele und entscheiden uns, danach zu
handeln. Kein Gott diktiert uns Gesetze, sondern nur unser eigener Verstand. Unsere Freiheit besteht darin, dass wir frei sind, über unser Handeln selbst zu bestimmen. Wir treffen eine Entscheidung, handeln
danach und tragen die volle Verantwortung für die Folgen unserer
Taten, wie sie auch immer aussehen werden.

Hier kann man wieder das Karma erkennen. Letztlich kann uns
weder ein Gott, noch eine Regierung oder ein anderer Mensch sagen,
was wir tun müssen. Denn wenn wir die Konsequenzen akzeptieren, gibt
es so gut wie nichts, das wir wirklich tun *müssen*. Am Ende geht es
wieder nur darum, ob wir mit den Folgen unserer Entscheidungen leben
können, denn das wiederum müssen wir.

Alles klar, Kevin, also was sollen wir denn nun glauben?

Ihr *sollt* gar nichts glauben, sondern euch Gedanken machen, was ihr
guten Gewissens glauben *möchtet*. Wenn jemand euch etwas erzählt,
dann solltet ihr es nicht einfach glauben, sondern es hinterfragen und
euch anschließend bewusst entscheiden, es zu glauben.

Wie ich bereits sagte, glaubt jeder Mensch, was er möchte, und findet
Argumente, diese Anschauung zu untermauern. Fakten und Beweise
sind zwar bei der Meinungsbildung hilfreich, aber nur dann, wenn sie
auch neutral und vollständig vorliegen. Solange ihr da nicht sicher sein

könnt, solltet ihr auch nicht auf halbwahre Fakten und hervorgehobene Wahrheiten hören, sondern euch zunächst ein eigenes Bild machen.

Bevor ihr einer Person, einem Medium oder generell irgendjemandem etwas glaubt, ist es klug, sich über deren Ziele, Intentionen und Glaubwürdigkeit Gedanken zu machen.

Ich habe es schon erwähnt: Wir alle glauben am liebsten Dinge, die in uns ein Wohlgefühl erzeugen, mit denen wir gut leben können. Leider sind das oft Trugschlüsse, denn wenn wir uns die harten Fakten der heutigen Welt anschauen, können wir uns, wenn wir ehrlich zu uns sind, mit kaum etwas da draußen wirklich wohlfühlen. In einer Welt voller Gier und Gewalt, in der man sich oft nur wie eine Steuernummer vorkommt, ist der Glaube an ein paar gute Dinge das einzige, was uns Hoffnung gibt. Rational betrachtet ist vieles davon jedoch mehr Wunschdenken als Realität.

Aus diesem Grund ist es so wichtig, die Welt zu beobachten und Schlüsse zu ziehen. Es ist unerlässlich, Dinge zu verstehen. Wenn wir die Hintergründe und Motive unserer Umwelt und Mitmenschen verstehen lernen, können wir diese als solche akzeptieren. Akzeptanz zu entwickeln hilft dabei, die Welt nicht länger durch eine rosarote Brille betrachten zu müssen. Denn wem nutzt es, wenn man von Bildern in den Nachrichten schockiert ist und es einen emotional trifft? Wenn man die Natur der Menschheit versteht und akzeptiert, sind solche Bilder keine Überraschung mehr.

Also sollen wir am besten alle Zyniker werden? Toller Plan ...

Nicht doch. Aber fragen wir uns doch einmal selbst: Wenn uns etwas passiert, bei dem wir eine heftige emotionale Reaktion haben, wie verhalten wir uns dann? Irrational und kopflos. Egal ob Ärger, Trauer oder

Niedergeschlagenheit, wir handeln schnell unüberlegt und schaden uns damit selbst. Zudem sind wir dadurch weniger aufmerksam für alles andere um uns herum. Je mehr man versteht und akzeptiert, desto weniger kann einen aus der Bahn werfen.

Und außerdem: Viele von euch wünschen sich sicher eine bessere Welt, oder? Ich tue das auf jeden Fall. Aber wie genau soll man die Welt besser machen, wenn man nicht versteht, wo sie jetzt gerade steht? Wie sollen wir etwas besser machen, wenn wir nicht verstanden und akzeptiert haben, warum es schiefgegangen ist, welche Fehler gemacht wurden und was wir künftig vermeiden sollten?

Verständnis, Aufmerksamkeit und Analyse sind wichtige Werkzeuge, um sich selbst, sein eigenes Leben, seinen Sinn des Lebens und letztendlich auch die ganze Welt zu verändern und zu verbessern.

Jetzt hast du uns eine Menge über Glauben erzählt, aber woran glaubst du eigentlich?

In der Regel vermeide ich es, meinen Glauben zu erläutern, weil ich weder die Zustimmung noch Kommentare anderer Menschen dazu brauche, die meist unweigerlich kommen.

Ich habe mich selbst lange Zeit als Atheist bezeichnet, weil ich die Existenz von Göttern ablehne, da ich das für ein schlichtes Überbleibsel unserer weniger gebildeten Vorfahren halte. Eine Tradition, die sich deswegen hält, weil sich so wenige Menschen mit den rationalen Ursprüngen ihrer Religion befassen.

Ich glaube, dass einfach alles, was wir uns nur vorstellen können, irgendwo da draußen existiert. Entweder hier bei uns, oder in den Weiten der Galaxie oder in anderen Existenzebenen und Dimensionen.

Sagtest du nicht gerade, dass du die Existenz von Göttern ablehnst?

Ja und das ist auch kein Widerspruch. Der Begriff Gott suggeriert eine omnipräsente, omnipotente Wesenheit. Wenn es ein solches Wesen gäbe, wäre es kein Mensch. Das wiederum bedeutet, es wäre ein Außerirdischer, ein Alien. Die Existenz von Aliens halte ich für absolut wahrscheinlich, aber das macht sie dann nicht zu Göttern. Auch Aliens hätten einen Ursprung, einen Anfang und ein Ende.

Wenn ich sage, ich lehne die Existenz eines allmächtigen Gottes ab, meine ich damit nicht, dass ich nicht an eine höhere Macht glaube, die unser aller Leben beeinflusst. Allerdings denke ich nicht, dass diese Macht einen bewussten Willen hat. Ich denke, es ist eher so eine Art Fließrichtung. Aus diesem Grund kann ich mich mit dem Buddhismus noch am besten identifizieren.

Ich glaube, dass wir alle aus Energie bestehen. Der Sinn des Lebens entspricht der Fließrichtung unserer inneren Energie. Wenn wir ihr folgen, fühlen wir uns gut, gesund und strahlen das auch aus. Erzwingen wir eine andere Richtung, erzeugt das innere Gegenwehr und negative Schwingungen. Ich glaube, dass wir unser Umfeld, unseren Körper und unseren Geist heilen und beeinflussen können, wenn wir lernen, die richtigen Schwingungen auszusenden.

Die meisten Religionen legen ihren Fokus auf Personifizierungen, sei es ein einziger Gott oder eine Vielzahl von Göttern, Geistern oder Dämonen. Ich behaupte, dass diese Form der Anbetung sich entwickelt hat, weil der Mensch sich damit besser identifizieren kann.

Ich persönlich brauche aber kein metaphorisches Leitbild, das mein Leben lenkt. Mir ist bewusst, dass ich das selbst in der Hand habe.

Ich denke auch, dass die historisch belegten Heiligen und religiös bedeutsamen Figuren wie Jesus in Wirklichkeit Heiler und Gelehrte waren. Sie konnten ihre Mitmenschen heilen, indem sie das Konzept der Energien und des Geistes erlernten und ihre Umwelt durch Beobachtung verstanden. Es gibt Hinweise darauf, dass Jesus im Laufe seines Lebens in Indien war, wo er durchaus derartige Lehren erfahren haben kann, die er dann in seiner Heimat nutzte.

Für jene, die dieses Wissen nicht hatten, wirkten seine Taten leicht wie Wunder. Zudem halte ich viele in der Bibel verwendeten Abschnitte für Metaphern und künstlerische Freiheit des jeweiligen Verfassers. Man stellte z.B. Jesus in einem Licht dar, das sich in die christliche Religionsgeschichte einfügte. Dasselbe taten auch andere Religionen mit ihm, wodurch sich die Frage stellt, was er in der Realität wirklich getan hat.

Würde meine These stimmen, dass Jesus ein Gelehrter und Heiler war, dessen Wissen nichts weiter als geistige Reflexion und die Lehren von Körper und Geist waren, würden seine Taten den Lehren der Kirche widersprechen. Das würde auch erklären, weshalb in der Bibel so viele Lücken und Sinnbilder anstelle wirklicher Berichte stehen.

Ich sage es zum tausendsten Mal: Ich verurteile niemanden, der diese Dinge anders sieht und an etwas anderes glaubt. Generell bin ich der Ansicht, dass es nicht wichtig ist, wie man die Instanz beschreibt oder darstellt, die unsere Existenz ausmacht und unser tun leitet. Nennt es Gott, nennt es Energie, nennt es meinetwegen Wissenschaft, Elemente, Teilchen oder wie auch immer – am Ende ist das alles dasselbe. Ein Name und eine Gestalt für den Ursprung unserer Existenz, den niemand von uns je zweifelsfrei wird nachweisen können.

Und da niemand die Wahrheit kennt und wir alle nur versuchen, uns mit unseren eigenen Antworten auf die existenziellen Fragen des Lebens der Wahrheit anzunähern, kann auch niemand behaupten, im Recht zu sein. Der Schlüssel für ein harmonisches Zusammenleben ist Akzeptanz. Wenn wir die Weisheit besitzen, uns die Fehlbarkeit, die Unvollkommenheit unserer eigenen Weltanschauung bewusst zu machen, dass sie gleichwertig mit jeder anderen Erklärung ist, gibt es keinen Grund, den Glauben anderer anzugreifen.

Auch ich verstehe manchmal nicht, weshalb manche Menschen die Logiklücken und die für mich deutlich scheinenden Schwächen ihrer Religion oder Sichtweise nicht sehen können, doch es ist nicht meine Aufgabe, andere zu bekehren oder ihnen meine Ansichten aufzudrängen. Ich bin, wie dieses Buch deutlich zeigt, gerne bereit, meine Beobachtungen und Schlussfolgerungen mit euch zu teilen. Es liegt jedoch ganz allein an euch, ob ihr sie annehmt, darüber nachdenkt, sie ablehnt oder als Schwachsinn bezeichnet. Ich höre mir auch gern die Beobachtungen anderer Leute an und bin bereit, gute Argumente in meine Ansichten einfließen zu lassen. Es gibt jedoch viele Menschen, die das nicht können oder wollen, und auch dafür habe ich Verständnis.

Genau darum geht es bei der Freiheit und dem Sinn des Lebens. Beides ist unabhängig von anderen Menschen und vollkommen individuell für jede einzelne Person auf dieser Welt und darüber hinaus. Es steht niemandem zu, anderen diese Freiheit zu nehmen. Viele versuchen, uns unsere natürlichen Freiheiten zu nehmen, und ein großer Teil der Menschheit gibt sie lächelnd auf. Am Ende liegt die Entscheidung jedoch immer bei uns, wie sehr wir das zulassen. Das Einzige, was jeder von uns braucht, um glücklich zu sein, ist Verständnis – für die Welt, für andere, aber vor allem für sich selbst.

09
Macht und Freiheit

Da ich schon immer in Deutschland gelebt habe, bin ich die deutsche Mentalität gewohnt. Alles ist geregelt, nichts existiert ohne akribischen gesetzlichen Rahmen und alles dreht sich um Recht und Ordnung. Es gibt ein Sprichwort: In den USA ist alles erlaubt, was nicht per Gesetz verboten ist – und in Deutschland ist grundsätzlich alles verboten, was nicht explizit per Gesetz erlaubt ist. Man fühlt sich zu jeder Zeit kontrolliert und hat ständig Angst, hinterfragt jede Handlung, ob sie auch ja nicht ordnungswidrig ist. Es ist ein Gefängnis aus Gesetzen und Strafandrohungen, um es überspitzt zu formulieren. Aber woher kommen eigentlich die ganzen Gesetze und die Idee einer Regierung?

Ihr werdet es schon erahnen – wir gehen zurück zum Anfang.

Zu Urzeiten gab es keine Regierung, weil sich unsere Welt nur um unseren kleinen Stamm gedreht hat. Zudem verfügten wir nicht über die Hirnkapazität für mehr als die Grundbedürfnisse. Wie bei Wölfen und anderen Rudeltieren übernahm auch beim Menschen der stärkste Krieger die Rolle des Alpha, des Anführers. Die anderen hörten auf seine Befehle, weil sie wussten, dass sie ihm unterlegen waren.

Als sich dann die ersten Kulturen bildeten, stellte man schnell fest, dass ohne ein paar grundlegende Regeln des Zusammenlebens völliges Chaos herrschte. Dinge wie das Verbot von Mord und Diebstahl waren schnell klar, auch wenn die Strafen aus heutiger Sicht recht extrem waren. Auch zu dieser Zeit war es noch immer der stärkste Krieger, der das Sagen hatte und die Regeln machte. Allerdings kamen zu diesem Zeitpunkt bereits andere Qualitäten in Mode, wie z.B. Intelligenz.

Da der Mensch sehr individuell ist und jeder eine eigene Meinung hat, entstehen ganz automatisch Konflikte. Wem gehört welches Land, welche Frau, welches Vieh, wer muss das Dorf verteidigen, wer behält das alles im Blick? Viele Fragen, die ohne eine Lösung zu Mord und Durcheinander führten. Anführer konnten stets nur fallweise entscheiden, sodass bei steigender Anwohnerzahl immer mehr Probleme ohne Richtspruch blieben.

So kam es, dass sich einige Individuen Gedanken dazu machten und Ideen hatten, wie man die Regeln erweitern konnte, um solche Streitigkeiten von vorneherein zu vermeiden, weil alles klar geregelt war. Zunächst war das eine gute Vorgehensweise, auch wenn man niemals alle Eventualitäten abdecken konnte. Es blieb weiterhin bei den Anführern, die Gesetze und Regeln zu machen.

Aus dem einfachen Anführer, der sich seinen Platz durch Blut und Hingabe erkämpft hatte, wurde mit der Zeit etwas anderes. Es wurde Brauch, dass die Kinder des Anführers dessen Platz einnahmen. Zwar gab es Kulturen, wie bei den Wikingern, wo man den Anführer um seinen Thron herausfordern konnte, doch in vielen anderen Kulturen war das nicht möglich.

Da nun aber nicht jeder Nachkomme eines Anführers über dessen Qualitäten und Erfahrung verfügte, schwand auch die Führungsstärke in vielen Reichen immer weiter. Die zum Herrscher geborenen Kinder kannten niemals das einfache Leben und wurden bereits in dem Wissen erzogen, dass das Volk sich vor ihnen verneigen würde. Sie kannten nur den Überfluss und so öffnete sich eine Tür für die Gier. Mit der Zeit wollten sie mehr. Eines Tages nutzten Herrscher die Religion, um sich als göttlich oder als von den Göttern gesandte Anführer zu etablieren. Dieses Konzept der Monarchie gab es in den meisten Reichen, von der griechischen Antike, Ägypten, über den Orient bis zu den Kaisern Chinas, die als Söhne des Himmels deklariert wurden.

Einflüsse der Priester und Religion wirkten sich schnell auf die Anführer aus, sodass mancher König, Pharao oder Kaiser von Priestern oder einer Kirche beeinflusst wurde. Allerdings war Führungsstärke bereits früh in der Geschichte keine Voraussetzung mehr für einen König. Erblinien und Beziehungen innerhalb des Adels, der auch erst aus Rittern und Kriegern gebildet und dann durch Ränkespiele weiterentwickelt wurde, machten die Regierung aus, wie man sie damals kannte.

Der Mensch versuchte schon immer, sich über andere zu erheben, um sich selbst als wirksamer und besser zu erleben. Wir selbst kennen das doch auch: Wer liebt es nicht, in etwas besser zu sein als alle anderen? Wer empfindet keine Befriedigung, wenn er etwas bestimmen kann? Schon als Kinder versuchen wir stets, unsere Wünsche durchzusetzen. Macht bedeutet im Grunde ja nur, dieses Verhalten erfolgreich ausleben zu können.

Man kennt ja die Aussage, dass Macht korrumpiert, oder dass man trunken vor Macht sein kann. Das ist ein Effekt, der eintritt, wenn wir so sehr damit beschäftigt sind, unsere Wünsche und Ziele umzusetzen, dass wir dabei unsere Mitmenschen vergessen. Man will immer mehr und denkt irgendwann nicht mehr daran, dass es andere verletzen könnte. Genau diesen Effekt spürte man bei Regenten, die ihre Positionen vererbt haben.

Während Könige in den meisten Reichen zur gängigen Herrschaftsform wurden, entwickelte sich im antiken Athen eine andere Idee. Dort wurden Staatsmänner vom Volk gewählt, weil sie fähig und beliebt waren. Daraus entstanden mehrere Thesen, die eine Herrschaft durch das Volk skizzierten. Der berühmte Staatsmann Perikles wird heute als derjenige betrachtet, der das grundlegende Konzept der heutigen Demokratie definierte. Wahlen, Diskussionen, Gerichte – das alles gab es dort bereits.

Im Laufe der späteren Jahrhunderte kamen kulturell bedingt noch viele andere Herrschertypen auf, von den Jarls der Wikinger bis zu den Pharaonen der Ägypter, den Kaisern Chinas oder den Shogun in Japan. Sie alle basierten jedoch auf der Existenz einer Einzelperson mit großer Macht. In der Moderne wurden daraus Diktatoren, Generäle, Kanzler oder Präsidenten. Wie schon bei der Religion neigen die Menschen dazu, zu Personifizierungen aufzuschauen, ob Politiker, Gelehrte, Heilige, Helden oder andere Verkörperungen von Idealen und Macht.

Selbst unsere moderne Demokratie ist keine wirkliche Demokratie, weil wir im Grunde unseren König und seinen Adel wählen, um uns zu regieren. Selbst haben wir jedoch nur selten ein wirkliches Mitspracherecht bei Gesetzgebung und Entscheidungen.

Das wirft bei mir die Frage auf, wieso wir es immer wieder akzeptieren, dass andere uns ihren Willen aufzwingen. Wie kommt es, dass wir zu jeder Zeit bereitwillig einem Anführer folgen? Selbst Revolutionen stehen meist hinter einigen wenigen Schlüsselfiguren, hinter denen sich die Leute sammeln.

Der Grund erscheint mir recht einfach. Der Mensch ist noch heute ein Rudeltier, ein Wesen, das dazu gemacht ist, in einer Gemeinschaft zu leben. Die Natur sieht vor, dass jedes Rudel ein Leittier hat. Wie schon zu Urzeiten fühlen wir uns zu Dominanz hingezogen und sehnen uns nach Führung. Die logische Folge ist, dass wir uns danach sehnen, uns jemandem unterwerfen zu können. Dadurch geben wir die Verantwortung für unser Leben ab und sind eine Menge Sorgen und Nöte los, was uns eine Illusion von Glück beschert. Das gilt allerdings nur so lange, bis die Personen, die wir als Anführer akzeptiert haben, nicht länger in unserem Interesse entscheiden. Das ist es, was jedoch in jedem Reich der Geschichte unweigerlich geschehen ist.

Das liegt zum Einen daran, dass wir uns als Spezies niemals einig sein können. Zum Anderen kommt es, weil Anführer sich mit der Zeit automatisch an die Macht gewöhnen und ihren Verlust fürchten. Sie erfinden Probleme, um uns als Retter zu erscheinen. Sie beschäftigen uns mit Schwierigkeiten, damit wir nicht mehr auf das große Ganze achten. Und es liegt auch daran, dass wir selbst nur selten wissen, was wir eigentlich wollen.

Große Philosophen und Denker der Geschichte, darunter z.B. der italienische Staatsmann und Philosoph Machiavelli, haben sich mit dem Konzept der Regierungsformen eingehend beschäftigt. Dabei sind sie sich meist in einem Punkt einig: Keine der uns bis heute bekannten Formen der Regierung ist ideal. Keine von ihnen kann auf Dauer Bestand haben. Gründe gibt es dafür verschiedene.

Beispielsweise hat Machtgier dazu geführt, dass große Eroberer und Tyrannen wie Julius Cäsar, Dschingis Khan oder Xerxes letztlich getötet wurden. Sie brachten Krieg und Unterdrückung, was irgendwann unweigerlich zu Widerstand führt. Jede Diktatur der Welt fällt durch die

Hand des Volkes, weil die Herrschaft auf Gewalt und Macht basiert, um Unterwerfung zu erzwingen. Doch wie man schon bei Sklavenaufständen und Revolutionen gesehen hat, ertragen die Unterdrückten nur ein gewisses Maß an Leid, bevor sie ohne Rücksicht auf Verluste zurückschlagen.

Obwohl diese Tatsache bekannt und seit Jahrtausenden historisch belegt ist, glauben immer wieder einzelne Individuen, sie könnten mit militärischer Gewalt und Unterdrückung ihre Macht horten.

Andere Regenten waren klüger und wählten einen anderen Weg, der wesentlich subtiler und effektiver ist. Ein Beispiel war die Zeit der Konquistadoren, der spanischen Eroberung Mittel- und Südamerikas. Die Spanier kamen in Lateinamerika an und trafen auf die dortigen Ureinwohner. Azteken, Maya und andere Stämme verehrten damals ihre eigenen Gottheiten und begingen diverse Rituale und Opferungen. Da die spanischen Besatzer den christlichen Glauben missionieren wollten, griffen sie die Ureinwohner an und wollten sie gewaltsam unterwerfen. Das Ergebnis war, dass die Spanier an mehreren Orten zunächst getötet und zurückgedrängt wurden, bis sie durch technologische Überlegenheit und aus Europa stammende Krankheiten Erfolg hatten. Sie mussten die Nachteile der bloßen Gewalt als Weg der Herrschaft am eigenen Leib erfahren.

Dann kamen die Portugiesen in Lateinamerika an und wollten einen Teil des Landes beanspruchen. Sie griffen die Ureinwohner jedoch nicht an. Sie gingen zu ihnen und gaben ihnen Geschenke. Sie gaben ihnen Spiegel, Werkzeuge und Schmuck – alles Dinge, die sie nicht kannten, nicht hatten oder nicht selbst herstellen konnten. Damit die Ureinwohner diese Dinge auch weiterhin bekommen konnten, mussten sie im

Gegenzug für die Portugiesen arbeiten. So gelang es den Besatzern, völlig gewaltlos das Land zu erobern.

Diese Form der Kontrolle, die ich gern die *Portugiesische Methode* nenne, ist die modernere und wesentlich effektivere Form der Regierung. Eine Abwandlung wäre es, den Leuten Dinge wegzunehmen und sie nur zurückzugeben, wenn sie Gehorsam zeigen. Auf dieser Grundlage basieren alle modernen Regierungsformen.

Wir sind doch keine Ureinwohner, die man mit glänzenden Sachen kontrollieren kann!

Schauen wir uns doch mal das Konzept einer heutigen Regierung und Wirtschaft an. Geld ermöglicht es uns, alles zu kaufen und zu tun, was wir wollen. Es ist das universelle, glänzende Etwas, das wir alle haben wollen. Um es zu bekommen, müssen wir für die Firmen arbeiten, für den Staat arbeiten oder für uns selbst arbeiten. Da man immer und zu jeder Zeit Geld braucht, um zu überleben, hat man wenig Zeit, eine Arbeit zu finden, die glücklich macht. Wir quälen uns Tag für Tag, um Geld zu bekommen. Tun wir das nicht, können wir uns nichts mehr kaufen und müssen in ärmeren Verhältnissen leben. In vielen Ländern kann das sogar zum Tod führen. Betrachten wir es also nüchtern und rational, müssen wir uns bewusst sein, dass wir alle Sklaven der Wirtschaft und Politik sind.

Lehnen wir uns gegen diese Form der Kontrolle auf, folgen Strafen. Man nimmt uns Geld, Besitz oder sogar unsere physische Freiheit weg. Somit wird aus dem gütigen Staat, der uns beschützt und unser Bestes im Sinn hat, ein strenger Überwacher, der uns mit Strafen dazu zwingt, seinen Regeln zu folgen.

Nehmen wir mal uns Deutsche als Beispiel. Wenn wir rausgehen, müssen wir uns penibel an die Verkehrsregeln halten. Wo immer wir sind, ist jeder Schritt mit Schildern und Gesetzen genau vorgegeben. Wie oft kommt es vor, dass wir etwas tun wollen und uns automatisch fragen, ob wir es dürfen, ob es erlaubt ist, ob es strafbar ist? Wir haben uns daran gewöhnt, jede unserer Handlungen zu hinterfragen, um uns abzusichern. Das ist auch einer der Gründe, weshalb das deutsche Volk als so präzise und akribisch bekannt ist. Der Ursprung dahinter ist jedoch Angst. Wir haben Angst vor Strafe, Angst vor Kritik, Angst vor der Reaktion anderer Leute.

Fragt euch selbst: Wenn ihr einen Streifenwagen seht, oder einen Polizisten auf der Straße, fühlt ihr euch dann sicherer? Habt ihr das Gefühl, ihr seht einen *Freund und Helfer*? Ich definitiv nicht. Ich fühle mich beobachtet, kontrolliert und überwacht. Die meisten Leute achten in der Nähe von Polizisten angespannt auf ihr eigenes Verhalten, um ja nicht aufzufallen. Das liegt daran, dass Polizisten in Wahrheit *Ordnungshüter* sind. Es sind Personen, die dafür sorgen sollen, dass die vom Staat festgelegten Regeln eingehalten werden. Sie sind nicht dazu da, um uns zu helfen, sondern um uns zu bestrafen, wenn wir uns nicht regelkonform verhalten. Manche Handlungen der Ordnungshüter sind sogar darauf ausgerichtet, uns bewusst in Versuchung zu führen.

Nehmen wir das Beispiel der Blitzer. Seien es Baustellen, die über Jahre aufrechterhalten werden oder Streckenabschnitte, die ohne ersichtlichen Grund stark geschwindigkeitsbeschränkt sind. Es gibt viele Stellen, wo eine derartige Beschränkung keinerlei Mehrwert für die Sicherheit im Straßenverkehr bringt. Man weiß, dass es viele Fahrer frustriert, die dann schneller fahren, sodass man sie blitzen und bestrafen kann. Dabei geht es oft nicht um Sicherheit oder den Schutz anderer, sondern um eine Einnahmequelle des Staates. Wann hat das Volk darum gebeten, geblitzt zu werden? Es dürfte nur wenige Bürger geben, die einen Politiker wählen, der verspricht, mehr Blitzer aufzustellen.

Es ist eine deutsche Tradition, den Schutz und die Sicherheit über die Freiheit zu stellen. Das ist bis zu einem gewissen Punkt durchaus sinnvoll, aber wir Deutschen übertreiben es dabei maßlos. Dem einzelnen Bürger wird keinerlei Eigenverantwortung zugetraut, da absolut alles vom Staat geregelt und festgelegt ist. Prüfer, Ordnungshüter und Beamte sind überall, um unseren Gehorsam einzufordern.

Vielleicht geht es ja nur mir so, aber ich fühle mich nicht besonders frei hier.

Uns Deutschen geht es total gut und wir sind verglichen mit anderen Ländern sehr frei!

Wie immer kommen Leute, die keine anderen Argumente haben, mit Vergleichen um die Ecke. Es ist in den meisten Fällen keine gute Idee, Dinge zu vergleichen. Sofern es keine Dinge sind, die dazu gemacht sind, gleich zu sein, ist kaum ein Vergleich aussagekräftig. Insbesondere Vergleiche, um den Wert von etwas zu bestimmen, sind niemals sinnvoll. Wert ist an sich bereits relativ, da er im Auge des Betrachters liegt.

Vergleichen wir unsere Freiheit mit der in Nordkorea, schneiden wir natürlich besser ab, aber wir haben auch völlig andere Gegebenheiten und Maßstäbe. Vergleichen wir unsere Freiheit mit den Zuständen während des Zweiten Weltkriegs, sind wir heute natürlich freier als damals. Aber das sind beides keine validen Vergleiche, weil unzählige Faktoren nicht vergleichbar sind.

Allein der Begriff Freiheit hat schon so viele Facetten, dass ein Vergleich zwecklos wäre. Es geht bei der Bewertung immer um Komponenten und Ziele. Ich definiere Freiheit danach, wie sehr ich mich im Alltag um mögliche Strafen, Überwachung und Angst sorgen muss. Ich definiere sie danach, was ich alles tun kann, ohne sofort eine Reihe von Regeln, Steuern und Auflagen beachten zu müssen. Wenn ich mal eben schnell etwas tun möchte, es aber aufgrund Dutzender Verbote, Auflagen, Fristen und Hindernissen nicht kann, dann ist das eine klare Einschränkung meiner Freiheit.

Ich höre immer wieder, dass ich doch froh sein soll, wie gut es uns geht und wie frei wir sind. Aber fragen wir uns je, wie frei wir wirklich sind? Können wir in den Wald gehen und uns an ein Feuer setzen? Nicht ohne Genehmigung. Können wir uns ein Zelt schnappen und einfach irgendwo kampieren? Nicht ohne Genehmigung. Was ist, wenn wir gern Bilder malen und nach Wochen der Hingabe ein wunderschönes Stück an einen Liebhaber verkaufen wollen? Nicht ohne Papierkram, Rechnung, Steuern und Nachweise, Befugnis oder Genehmigung. Vielleicht bin ich seit Jahren passionierter Handwerker und Experte am Schweißgerät, darf aber offiziell nichts schweißen, weil ich keinen Schein gemacht habe, der zertifiziert, dass ich es kann.

Ich will jetzt nicht tausend Beispiele nennen, aber wir leben in einer Zeit, wo wir für fast alles, was wir tun möchten, erst beim Staat eine Erlaubnis einholen und von allem, was wir bekommen, fast die Hälfte abgeben müssen. Am Beispiel der Rundfunkgebühr kann man sehen, dass wir sogar für die bloße Möglichkeit, etwas zu tun, bezahlen müssen. Das ist keine Freiheit, die Ketten sind nur unsichtbar.

Und das alles ist eine hochentwickelte, ausgeklügelte Weiterentwicklung der Portugiesischen Methode. Wir sind willige Arbeiter von Staat und Wirtschaft, ohne es zu merken, weil wir mit ein paar glänzenden Dingen von den unschönen Tatsachen abgelenkt werden.

Der letzte Abschnitt mag auf einige von euch recht negativ wirken, aber tatsächlich ist darin keine direkte Wertung enthalten. Schaut man sich die Definition von Freiheit an, müssen wir zugeben, dass wir keine haben. Ob der Grad an Einschränkungen zugunsten der Sicherheit angemessen ist, muss jeder Mensch für sich selbst entscheiden. Mir persönlich ist Deutschland mit seinen gefühlt unendlichen Gesetzen, Verordnungen und Regeln für jede denkbare Eventualität und mit seinen vielen Ordnungswidrigkeiten, Bußgeldern und Strafen viel zu extrem.

Ich verstehe jedoch, warum das so ist. Es liegt daran, dass die Regierenden dem Volk nicht die Intelligenz und Eigenverantwortung zutraut, in mehr Bereichen nach eigenem Ermessen zu handeln. Man traut uns keinen gesunden Menschenverstand zu und gibt uns stattdessen lieber einfach alles genau vor. Allerdings nutzt die Regierung ein System, welches genau für diese Annahme verantwortlich ist. Dazu mehr im nächsten Kapitel.

Hier möchte ich jetzt noch einmal auf das stärkste, effektivste und nachhaltigste Mittel der Kontrolle eingehen: Angst.

Angst ist eine der grundlegendsten, wenn nicht sogar die stärkste Emotion, die wir haben. Sie sichert unser Überleben und ist der Auslöser für den Kampf / Flucht / Starre-Reflex. Wenn wir Angst haben, übernimmt der instinktive Teil unseres Gehirns die Kontrolle, ganz ähnlich wie bei haltlosem Zorn. Alle höheren Denkprozesse werden ausgesetzt und unser Körper wird mit Hormonen geflutet, damit wir kämpfen oder fliehen können.

Dazu kommt, dass wir Menschen sehr viele Dinge fürchten, allen voran jedoch Schmerz und Tod. Bereits die Androhung einer Form von Schmerz genügt, dass wir alles tun würden, um es zu vermeiden. Leidvermeidung ist das wohl stärkste Bedürfnis und der mächtigste Impuls des menschlichen Körpers.

Genau deshalb ist Angst das wohl effektivste Mittel, um einen Menschen dazu zu bewegen, zu tun, was man möchte. Bereits auf dem Schulhof konnten die Schläger andere Schüler um ihre Pausenbrote oder das Essensgeld erleichtern, ohne die Hand erheben zu müssen. Die bloße Angst vor möglichem Schmerz genügt bereits.

Der Schläger wiederum wird sofort handzahm, wenn der Lehrer ihm Nachsitzen androht, weil die dortige Langeweile eine Art geistiges Leid ist. Drohungen beinhalten immer eine Form des Leids.

Wenn wir uns die Machtgefüge und Hierarchien anschauen, wird schnell klar, dass jene Menschen sich über andere erheben, die über die Möglichkeit verfügen, anderen Menschen Leid zuzufügen. Ich sagte ja bereits, dass Macht gleichbedeutend mit Gewaltpotenzial ist. Gewalt hingegen, ist gleichzusetzen mit dem Potenzial, Leid zu verursachen. So gesehen bedeutet Macht, dass andere Respekt haben, was nur die Vorstufe von Angst ist. Wer Macht besitzt, wird im Grunde von seinen Mitmenschen gefürchtet.

Könige wurden nicht respektiert, weil sie die Macht hatten, die Steuern zu senken. Sie wurden respektiert und gefürchtet, weil sie die Macht hatten, jeden Bürger zu töten oder leiden zu lassen, wenn er nicht gehorcht.

In Unternehmen wollen Mitarbeiter aufsteigen, weil jede höhere Stufe ihnen mehr Macht verleiht. Sie können anderen Leid antun und es gibt weniger Personen, die ihnen Leid antun können. Mehr Arbeit, schlechte Beurteilungen, Ablehnung von Urlaub und Gehaltskürzungen sind ebenso Leid wie physischer Schmerz.

So werden auch Tiere dressiert. Man lehrt sie, dass Fehlverhalten Schmerz nach sich zieht, während gewünschtes Verhalten belohnt wird. Das Ausbleiben von Schmerz kann bereits ausreichen.

Der Mensch funktioniert ganz genauso. Deshalb nutzen Regierungen so viele Strafen, um ihren Willen durchzusetzen. Es ist gar nicht nötig, physische Gewalt anzudrohen. Einem Bürger Geld wegzunehmen und Freiheiten einzuschränken genügt völlig, um Gehorsam zu erreichen. Die meisten von uns würden sich an sehr viele Regeln nicht halten, wenn die Strafen nicht so hoch wären. Unsere Angst vor Strafe ist heutzutage so hoch, dass ein Blatt Papier oder ein simples Schild mit der Aufschrift *Betreten verboten* bereits genügt, um jeden fernzuhalten. Ob das Schild tatsächlich von der Regierung oder nur von einem Scherzkeks aufgestellt wurde, ist hier vollkommen egal. Solange wir glauben, es könnte Konsequenzen haben, gehen die meisten Leute auf Nummer sicher. Wir sind darauf trainiert, Strafe zu fürchten.

Dabei handelt es sich jedoch um eingeübtes, anerzogenes Verhalten. Es ist stark kulturell beeinflusst. Das kann man in anderen Ländern sehr gut beobachten. Emotionalere, temperamentvollere Völker wie die Südländer, seien es Spanier, Italiener, Griechen oder selbst viele Franzosen, gehen sehr viel schneller auf die Straße und protestieren oder setzen sich gegen die Regierung zur Wehr. Der deutsche Bürger lässt sehr viel mehr mit sich machen, weil wir weniger emotional sind. Emotionen interessieren sich nicht für Strafen und Regeln oder rationale Angst, es ist unser Verstand, der sich die Folgen und das mögliche Leid ausmalt.

Regierungen und Wirtschaft wissen genau, dass sie alles tun können, was sie wollen, solange sie unsere Angst ausnutzen. Es ist unfassbar einfach, Menschen gegeneinander aufzubringen, wenn man sie in Angst versetzt. An dieser Stelle kommen wieder die Reflexion und auch die Intelligenz ins Spiel. Je intelligenter und reflektierter jemand ist, desto eher hinterfragt er die Aussagen der Regierung und prüft mögliche Motive dahinter. Andere glauben alles, wenn es nur laut und oft genug wiederholt wird. Indem ein Staat die Macht der Medien nutzt, um nur die gefilterten Informationen zu verbreiten und jede Gegenstimme zu verbieten, zu verstecken oder unglaubwürdig erscheinen zu lassen, kann er die weniger reflektierten Menschen durch gezielte Beeinflussung und Angst dazu bewegen, ihre Mitmenschen als Feinde zu sehen und sie anzugreifen.

So hat schon die Kirche ihre Kreuzzüge und Eroberungen umgesetzt, indem sie andere Religionen als böse und ihre Anhänger als gewalttätige Monster bezeichnete. Man behauptete, sie würden angreifen wollen, wenn man ihnen nicht zuvorkäme. So schürte man genug Angst und Hass, um Kriege zu beginnen.

Beeinflussung und Angst sind schon immer das Mittel der Wahl jedes Regenten gewesen, um die Kontrolle zu behalten. Rational betrachtet ist es absolut genial, die größte Schwäche unserer Spezies für die eigenen Ziele zu nutzen. Man verunsichert die Menschen damit so sehr und nutzt ihren Glauben oder ihre Werte, um sie damit zu lenken. Und den meisten Leuten ist das nicht bewusst. Sie bemerken es nicht einmal, weil der Staat sich selbst als Retter darstellt, der alles Leid verhindert hat, obwohl er Gewalt angewendet hat, um diesen Eindruck bei uns zu erzeugen. Es ist paradox und verwirrend, aber extrem effektiv.

Was jedoch Staaten immer wieder unterschätzen, sind die Folgen dieser Taktik. So wie der Mensch mit der Zeit eine Schmerztoleranz aufbaut, entwickelt sich auch irgendwann eine Angsttoleranz, sodass härtere Mittel nötig sind, um uns zu kontrollieren. Allerdings arbeitet unser Instinkt daran, uns am Leben zu halten. Wenn man sich in die Enge getrieben fühlt, wenn Flucht keine Möglichkeit mehr ist, schüttet der Körper Adrenalin aus und verwandelt die Angst in Zorn, um uns mit einem Kampf oder Gewalt am Leben zu halten, indem wir den Feind bezwingen.

So war es bei den Sklaven und in jeder gefallenen Diktatur. Wenn wir realisieren und akzeptieren, dass das Leid nicht mehr zu verhindern ist, dass jedes Verhalten zu Leid führt, werden wir in den Kampfmodus versetzt. Dann wehren wir uns, zur Not auch gegen den Staat und unsere Mitmenschen. Wie schnell ein Mensch diesen Punkt erreicht, hängt von verschiedenen Faktoren ab.

Worauf ich in diesem Abschnitt hinauswill, ist, dass wir uns unser tägliches Verhalten und unsere Ängste bewusster vor Augen halten sollten. Wir sollten nicht nur prüfen, was wir wirklich wollen, um unseren Sinn des Lebens zu finden. Wir sollten auch darüber nachdenken, warum wir uns verhalten, wie wir es tun. Haben wir Angst vor etwas? Warum haben wir Angst davor? Denn eines ist klar: Man darf nicht in Angst leben. Wer in ständiger Angst lebt, wird dadurch psychische und mit der Zeit auf physische Folgen erleben. Angst ist Stress, was uns auf Dauer innerlich zerstört. Stattdessen sollten wir mehr Vertrauen und Hoffnung haben. Vertrauen zum Leben, zur Natur und dazu, dass sich die Welt weiterdrehen wird. Politiker, Konzerne, sogar ganze Nationen steigen auf und fallen auch irgendwann wieder. Außerdem gibt es immer Menschen, die sich wehren, die anderen helfen und die Gutes tun. Selbst in schlimmen Situationen ist es die Gemeinschaft, die uns Kraft und Hoffnung geben kann. Wenn man ein Ziel hat, darf man niemals aufgeben, denn es gibt immer Hoffnung und es ist niemals alles finster und schlecht.

Hoffnung macht uns stark, sie gibt uns Kraft, wenn alles andere verloren ist.

Es gibt ein chinesisches Sprichwort, das besagt: *Wenn du fürchtest, was jemand tun könnte, rufst du das Böse in ihm hervor. Wenn du jedoch vertraust, rufst du das Gute hervor.*

Wer aufgepasst hat, erkennt hier wieder die Parallele zum Karma.

Wer seiner Angst erliegt und sich in diese Angst hineinsteigert, wird automatisch Ärger und Wut verspüren. Das ist ein Griff nach Kontrolle über die Situation und ist ganz natürlich.

Wer jedoch Hoffnung hat, dass alles gut wird, kann friedlich, freundlich und aufgeschlossen bleiben, wodurch man wesentlich positiver reagieren und handeln kann.

Dabei sollte man auch beachten, dass der Mensch als Herdentier meist nicht auffallen will und sich der Meinung der Masse anschließt, um akzeptiert zu werden. Diese Neigung bedeutet auch, dass sich Angst ebenso wie Hoffnung schnell verbreiten kann. Wenn wir Angst zulassen und uns entsprechend verhalten, werden auch die Menschen um uns herum Nervosität und Angst verspüren, da Emotionen ansteckend sind. Das war in der Urzeit nötig, um Gefahren schnell zu bemerken und zu überleben.

Wenn man jedoch Hoffnung hat und diese nach außen zeigt, wird auch das Umfeld diese Hoffnung wahrnehmen und spiegeln.

Wenn ihr also künftig Angst bekommt, dann haltet kurz inne und fragt euch, wovor ihr genau Angst habt. Oft sind es Dinge, die gar nicht real sind, sondern nur in unseren Köpfen existieren. Und wenn es gerechtfertigte Angst ist, dann ist ein positiver, hoffnungsfroher Umgang damit trotzdem zielführender als blanke Panik. Je besser wir das lernen, desto sinnvoller können wir reagieren und die Angst überwinden. Dazu ist es nur nötig, dass wir die Angst als solche erkennen, ihren Ursprung ergründen und uns immer wieder bewusst machen, dass unsere Ängste nur ein *mögliches* Ergebnis sind. Es gibt in jeder denkbaren Situation positive Sichtweisen und Hoffnung, wenn man nur danach sucht.

10

Das System

Nachdem wir jetzt über die Natur und die Ursprünge der Herrschaftssysteme und Kontrollmechanismen gesprochen haben, kommen wir zu dem, was ich *das System* nenne.

Regierungen in aller Welt mussten sich überlegen, wie sie es schaffen können, dass die Bevölkerung so gehorsam wie nur möglich bleibt. Also entwickelten sie das System, ein Netzwerk aus Gesetzen, Wirtschaft, Religion und Bildung, das uns gefangen hält und keinen Ausweg hat.

Im Folgenden möchte ich gern auf jeden dieser vier Punkte eingehen und zeigen, wie sie zusammenhängen.

Fangen wir doch mit den Gesetzen an. Ursprünglich entstanden die ersten Gesetze, weil die Menschen nicht friedlich zusammenleben konnten, ohne sich gegenseitig Gewalt anzutun oder sich das Eigentum des anderen zu nehmen. Anführer und Regenten mussten also entscheiden, was in solchen Fällen zu tun war. Es entwickelte sich das, was wir als Gerechtigkeit kennen. Es ist ein inneres Gefühl dafür, einen Ausgleich für Leid zu schaffen. Würde man es genau nehmen und der Auge um Auge, Zahn um Zahn-Philosophie folgen, würde das bedeuten: Mord wird mit dem Tod bestraft, Diebstahl wird mit Enteignung bestraft, Vergewaltigung wird mit Kastration oder Gegen-Vergewaltigung bestraft, und so weiter.

Zu Anfang wird das wohl auch so gewesen sein. Allerdings wurden diese Richtsprüche mit der Zeit abgemildert, als das Konzept der Moral und Ethik sowie die Habgier verstärkt aufkamen. Während man im alten Griechenland noch ungewollte Kinder einfach zum Sterben ausgesetzt hat, damit die Götter sich darum kümmern, wurden derartige Praktiken durch die Moral immer mehr als verwerflich betrachtet. Auch das Töten von Verbrechern war oft wenig sinnvoll, da man so eine gute Arbeitskraft verlor. Geldstrafen und Zwangsarbeit oder erzwungener Militärdienst traten an die Stelle der vorigen Strafen.

Im Laufe der Jahrhunderte wurde die Welt immer komplexer und immer mehr Menschen, besonders in der Wirtschaft, hatten immer mehr Angst um ihren Besitz oder ließen sich von ihrer Habgier zum Betrug verleiten. So kam es, dass man immer mehr feste Gesetze schaffen musste, um dieses falsche Verhalten unter Strafe zu stellen.

Leider wurde das Ganze irgendwann so komplex und undurchsichtig, dass einige kluge Personen erkannten, dass sie das zu ihrem Vorteil ausnutzen konnten. Mächtige Leute sorgten für neue Gesetze, die ihre Machenschaften legalisierten oder verbargen. Sie schufen sich eigene Schlupflöcher, um ungestraft weitermachen zu können.

Schaut man sich heutige Gesetzbücher an, wird schnell klar, dass es zum Einen zu viele sind, und zum Anderen sind sie in einer Art geschrieben, die man nicht ohne Weiteres verstehen kann. Gesetzestexte sind bewusst so kompliziert verfasst, damit selbst ein Anwalt, der viele Jahre das Gesetz studiert hat, nicht alles davon versteht oder durchschaut. Wie soll da ein einfacher Bürger seine eigenen Rechte verstehen? Man könnte die Gesetzbücher zwar in verständlicheres Deutsch umschreiben, aber damit würde man ja gegen das eigene Interesse handeln, die Menschen im Ungewissen zu lassen.

Das Gesetz wird nun als Schutzschild genutzt, hinter dem die Reichen und Mächtigen agieren können, ohne überhaupt bemerkt zu werden. Viele Rechte und Gesetze, die den Menschen helfen würden, sind so gut verborgen, so umständlich verfasst und so unmöglich zu finden, dass Staat und Wirtschaft nach Belieben handeln können.

Es gibt zahllose Fälle, in denen Anwälte im vollen Bewusstsein der Schuld ihrer Mandanten dennoch mit Hilfe der Unterstützung der komplexen Gesetze und Schlupflöcher einen Freispruch erwirkt haben. Ebenso oft hört man von Fällen, wo sich im Grunde jeder der Schuld eines Verbrechers bewusst ist, der Fall aber aufgrund eines sogenannten Formfehlers abgelehnt wurde. Mal ehrlich, wie kann man guten Gewissens sagen, dass man z.B. einen Serienmörder freilässt, weil sich irgendjemand nicht akribisch an alle Regularien gehalten hat?

Wir leben in einer Welt, in der man mit genügend Kenntnissen über das Gesetz ungestraft Verbrechen begehen kann.

In dem Moment, wo Gerechtigkeit und Recht nicht mehr dasselbe sind, läuft etwas ganz gewaltig falsch.

Gesetze sind der Versuch, Regeln für jede denkbare Eventualität festzulegen, die man sich nur vorstellen kann. Wenn man das mit etwas gesundem Menschenverstand betrachtet, wird man feststellen, dass das schlicht unmöglich ist. Man kann nicht einfach behaupten, dass etwas falsch ist, nur weil das in einem Fall so war.

Wahre Gerechtigkeit muss fallweise entschieden werden. Und damit meine ich nicht, dass jeder Fall vor Gericht kommen muss. Ich meine damit, dass kein Gesetz die Hintergründe, die ethischen und moralischen Bewertungen und die individuelle Situation einer Ungerechtigkeit abdecken kann. Dennoch versuchen Regierungen, mit fixen Gesetzen alles zu verurteilen.

Das hat dazu geführt, dass die meisten Gesetze nicht für Gerechtigkeit sorgen, sondern stattdessen unser tägliches Leben unnötig einschränken.

Ein weiterer Faktor, der das bestätigt, ist das Alter vieler Gesetze. Wir haben einen riesigen Verwaltungsapparat von Behörden in Deutschland. Viele sind weder vernetzt noch sonst irgendwie effizient verbunden. Die eine Hand weiß nicht, was die andere macht. Es gibt lächerlich viele Formulare und Papierkram für jede noch so kleine Unwichtigkeit. Wann immer man das hinterfragt, bekommt man irgendein beliebiges Wort zugeworfen, dass auf -pflicht endet. Sobald man in Deutschland das Wort *Pflicht* hört, traut sich keiner mehr, Fragen dazu zu stellen.

Tatsächlich entstanden die Gesetze und Pflichten ja nicht alle über Nacht. Sie entwickelten sich im Laufe der Jahre durch Fälle, wo es Verbrechen oder gefühlte Ungerechtigkeiten gab, die zuvor noch nie aufgetreten waren. Oder aber man hat Gesetze präventiv gemacht, falls es mal so passieren könnte. Die Gesellschaft, die Menschheit und die Technologie entwickeln sich jedoch rasant weiter – viele der Gesetze tun das allerdings nicht.

Ihr kennt vielleicht einige der US-amerikanischen Gesetze, die in der heutigen Zeit völlig lächerlich wirken. Zum Beispiel darf man im Bundesstaat Alaska keinen Elch aus einem Hubschrauber werfen. Man fragt sich, wieso ein Gesetz nötig war, um das festzulegen.

Ein anderes Beispiel sind die heutigen Social Media-Konzerne wie Facebook oder Twitter. Dabei handelt es sich um Geschäftsmodelle, die zur Zeit der Entstehung der meisten Wirtschaftsgesetze nicht denkbar waren. Bis heute wurde nach US-Recht (wo die meisten dieser Unternehmen ihre Zentrale haben) zwischen Verlagen und Plattformen unterschieden. Ein Verlag ist beispielsweise ein Zeitungsunternehmen wie die New York Times. Dort wird recherchiert, es werden Fakten geprüft und im Zweifelsfall, z.B. bei hetzerischen oder verleumderischen Artikeln, können Verlage verklagt werden. Sie sind für den Inhalt rechtlich haftbar.

Eine Plattform wäre beispielsweise ein Anbieter wie die Telekom oder Vodafone, deren Dienste man zur Verbreitung von Inhalten über das Internet nutzt, die aber keine Handhabe darüber haben, welche Inhalte verbreitet werden. Daher sind sie nicht dafür haftbar, wie Nutzer ihr Angebot verwenden. Ein altmodischeres Beispiel wäre ein Zeitungsstand, der lediglich die Zeitungen einkauft, sie ansprechend platziert und verkauft, für die Inhalte in diesen Magazinen und Zeitschriften aber nicht haftbar ist.

Social Media-Unternehmen können jedoch, da sie beide Funktionen erfüllen, keiner dieser beiden Gruppen zweifelsfrei zugeordnet werden. Das bedeutet, dass sie sich je nach Sachlage diejenige gesetzliche Grundlage aussuchen können, die ihnen dienlicher ist. Überspitzt könnte man sagen, dass sie alle Vorteile der Verlage und Plattformen nutzen, aber im Streitfall, die jeweils für sie günstigere Variante wählen können.

Die größten Anbieter wie Facebook und Twitter wollen die Meinungsfreiheit ihrer Nutzer verteidigen und verhindern, dass sie aufgrund der geposteten Inhalte Strafen oder Restriktionen auferlegt bekommen. Sie argumentieren, dass sie eher Plattform als Verlag seien. Auf der anderen Seite nutzen sie jedoch ihre Macht als Plattform, um bestimmte Inhalte stärker hervorzuheben, andere zu blockieren oder sogar zu zensieren, um die eigenen Tendenzen zu fördern, was eher dem Verhalten eines Verlags ähnelt.

Durch dieses Springen zwischen den Zuordnungen haben diese Unternehmenstypen einen gefährlich hohen rechtlichen Freiheitsgrad, solange die Gesetzeslage nicht an diese neuen Geschäftsmodelle angepasst wird.

Um das Dickicht aus Gesetzen sinnvoll zu nutzen, müssen viele alte Gesetze regelmäßig gesichtet und irgendwann wortwörtlich *verabschiedet* werden. Sie müssen weg, um Platz für Gesetze zu machen, die den modernen Anforderungen entsprechen.

Diese Stelle eignet sich hervorragend für einen kleinen Exkurs. Ich habe eine Frage an euch: Wie können wir erwarten, dass Politiker Gesetze erarbeiten, um die Anforderungen der heutigen, modernen Welt zu berücksichtigen, wenn die meisten Volksvertreter bereits im Rentenalter sind oder für die Materie, für die sie die Verantwortung tragen, gar nicht qualifiziert sind?

Wenn ich heutzutage eine Übertragung aus dem Deutschen Bundestag sehe, oder amerikanische Senatoren, dann wirkt das auf ein ungeschultes Auge wie eine Rentner-Kaffeefahrt.

Wir sprechen hier von über 70-jährigen Menschen, die sich mit dem CEO von Google und Facebook darüber streiten, ob ein einzelner Mitarbeiter die Suchanfragen bewusst steuert und damit ihre Popularität beeinflusst.

Wieso lassen wir uns von Menschen repräsentieren, deren gesamte Erfahrung und Wissen aus einem anderen Jahrhundert stammen? Wir akzeptieren Gesetze zur Nutzung des Internets, die von Männern und Frauen gemacht wurden, die selbst nicht einmal wissen, wie es funktioniert, und die Dinge wie die Cloud für Magie halten.

Dazu kommt noch, dass in sehr vielen Ländern politische Ämter untereinander getauscht und weitergegeben werden, als wäre es ein Weihnachtswichteln. Es scheint keinerlei Vorgaben darüber zu geben, welche Voraussetzungen eine Person erfüllen muss, um ein politisches Amt bekleiden zu dürfen, das einen ganzen Zweig eines Landes beeinflusst. Wie kann es sein, dass ein Bankkaufmann zum Gesundheitsminister wird? Wie kann eine Frau ohne militärische Erfahrung Verteidigungsministerin sein?

Man muss kein Verschwörungstheoretiker sein, um zu bemerken, dass es bei der Vergabe von Regierungsämtern nicht um Qualifikation geht, sondern um Beziehungen. Es ist ein eigener Mikrokosmos mit ganz eigenen Regeln und Gesetzmäßigkeiten. Da ist es keine Überraschung, dass jene, die über Jahre hinweg Teil dieses Kreises von Politikern sind, den Bezug zur Realität verlieren. Es dreht sich dort alles nur um Ansehen und Beziehungen. Deswegen sehen wir im Fernsehen oder auch teilweise im echten Leben, wie Politiker sich bei jeder sich bietenden Gelegenheit präsentieren und nichtssagende Reden schwingen. Es geht nur darum, gesehen zu werden. Mit ausreichend Rhetorik ist es kein Problem, eine ganze Stunde lang zu sprechen, keinerlei Inhalt darin zu haben und trotzdem bei vielen Menschen den Eindruck zu erwecken, sie wären beneidenswert clever.

Wie oft habt ihr schon gesehen, wie ein Politiker mit einem ganz normalen Bürger spricht? Ich noch nie. Sie reden immer nur auf einem Podest zur Menge. Wenn sie mit Einzelpersonen sprechen, dann stets nur mit Geschäftsführern, Wohltätern, Prominenten oder anderen hochrangigen Mitgliedern der Gesellschaft. Es geht dabei um Medienwirksamkeit, nichts weiter. Die Ansichten, Sorgen und Nöte der Bürger sind hier nicht relevant. Es wäre sogar kontraproduktiv, wenn ein Bürger einen Politiker vor laufender Kamera kritisiert. Dieses Risiko will man lieber nicht eingehen und hält sich an hochrangige Personen, die ebenso weit von der Realität entfernt sind oder sich keine Skandale leisten können.

Schön und gut, Kevin, aber was wäre denn dein Vorschlag, es besser zu machen? Klugscheißen kann jeder.

So kompliziert ist das gar nicht. Ich liste hier ein paar Ideen auf, wie ich mir vorstelle, dass wir die politische Situation in Deutschland verbessern könnten.

Um dem Problem mit dem Alter der Politiker entgegenzuwirken, würde ich ein Zwangsrentenalter festlegen, damit man keine Menschen mehr in Entscheidungspositionen hat, die den Bezug zum Zeitgeschehen nicht mehr haben. Zudem würde ich sämtliche politischen Ämter stets doppelt vergeben, an eine jüngere, weniger erfahrene Person und eine ältere, erfahrene Person. Zudem sollten es immer ein Mann und eine Frau sein. Beide müssten sich gegenseitig herausfordern und ihre Sichtweisen einbringen, was zu durchdachteren Ergebnissen führt.

Ein weiterer Punkt wäre die Reduzierung des Einflusses von Parteien. Es darf nicht sein, dass die generelle Gesinnung einer Partei für Wahlen genügt und sie dann eigenständig Kandidaten stellen, die ihnen passen. Jeder Politiker, der ein Amt bekleiden möchte, sollte sich als Person ver-

antworten müssen, und zwar vor dem Volk, nicht vor den Parteimitglie-
dern. So verhindern wir Gefälligkeiten und Betrügereien.

Einer der wohl wichtigsten Punkte ist es, dass die feste Voraussetzung für das Bekleiden eines Amtes ein Mindestmaß an eigener Erfahrung auf dem jeweiligen Gebiet sein muss. Ein Gesundheitsminister
muss zuvor als Arzt, Krankenpfleger, Altenpfleger oder in einer ver-
gleichbaren Profession gearbeitet haben. Verteidigungsminister sollten
eine Karriere bei der Bundeswehr vorweisen können, Familienminister
sollten selbst mehrere Kinder haben oder z.B. Pädagogen sein, etc. Um
wirklich gute und realitätsbezogene Entscheidungen zu treffen, die der
Bevölkerung helfen und das Leben für uns alle besser machen, muss
man die Probleme, Nöte und die täglichen Herausforderungen kennen,
die es gibt. Alles andere ist von Anfang an zum Scheitern verurteilt.

Um Korruption und unmoralische Ziele einzuschränken, sollten
Personen in politischen Ämtern ab einer gewissen Positionshöhe für die
Dauer ihres Amtes keine Beziehungen zur Wirtschaft haben dürfen.
Solange Politiker Anteile an Unternehmen, Aktienfonds, Vorstandssitze
oder sogar eigene Unternehmen haben, ist es sehr schnell möglich, dass
sie ihre Entscheidungsgewalt nutzen, um ihre privaten Interessen zu verfolgen. Auch für den engsten Familienkreis dieser Politiker muss es Auflagen geben, solange das Amt ausgeübt wird. Beispielsweise sollte für die
Dauer des Amtes deren Einkommen nicht steigen dürfen – aus keiner
Quelle. Zudem sollte jegliche Bank, die ein Politiker für seine privaten
oder anderen Zwecke nutzt, dessen Kontoaktivitäten melden, sollten sie
bestimmte Muster erfüllen, wie z.B. ungewöhnliche Geldeingänge, die
auf Bestechung schließen lassen. Datenschutz und Privatsphäre sind

wichtig, doch bei Menschen mit viel Macht in der Politik sollten diese Faktoren eingeschränkt werden dürfen.

Die Amtszeiten der höchsten Ämter sollten deutlich verkürzt werden. Es darf nicht sein, dass eine Person ein Land für ein ganzes Jahrzehnt regiert. Das Argument ist ja oft, dass Veränderungen in einer kürzeren Zeitspanne nicht möglich sind. Wenn eine Veränderung jedoch für die Bevölkerung gut ist, sollte man davon ausgehen können, dass ein etwaiger Nachfolger den Kurs unterstützt und weiterführt. Idealerweise sollte auch hier eher ein Zweierteam die Führung innehaben.

Ein weiterer Gedanke, der mir schon häufiger kam, ist, dass viele Bürger sich beschweren, wofür die Steuergelder verwendet werden. Daher würde ich im Zuge der Wahlen einen zusätzlichen Wahlzettel verwenden, auf dem sich eine grobe Liste der verschiedenen Bereiche findet, wo das Geld eingesetzt wird. Beispielsweise Infrastruktur (Straßenqualität, Stromnetz, Reparaturen, Verkehrsmittel), Subventionen, Soziales (Arbeitslosengeld, Rente, etc.), Bildung (Schulen, Kindergärten, Universitäten), EU-Unterstützung (Rettungspakete, Unterstützung, Hilfsgüter), und viele mehr. Dann können die Bürger bei der Wahl selbst ankreuzen, welche Bereiche ihnen am wichtigsten sind. Anhand der Ergebnisse kann die Regierung die allgemeine Stimmungslage und die größten Bedarfe für die nächste Regierungsperiode erkennen.

Dabei ist ein bedeutender Faktor, dass sämtliche Staatsausgaben vollkommen transparent und für jeden Bürger einsehbar sein sollten. Solange ein Staat Gelder unbemerkt und heimlich verteilen kann, ist dies eine Einladung für zwielichtige und moralisch zweifelhafte Geschäfte. Eine Regierung muss die Interessen des Volkes vertreten und ihre Handlungen vor dem Volk rechtfertigen und dafür haften – ohne Ausnahme. Ohne Transparenz ist das nicht möglich.

Zu guter Letzt sind auch in der Politik das Verstehen und die Akzeptanz der Schlüssel, um eine bessere Zukunft anzustreben. Die Politiker sollten ihre Gesetze und Entscheidungen vor dem Volk rechtfertigen müssen und auch haftbar dafür sein. Wenn man keine Folgen zu befürchten hat, entscheidet man wesentlich leichtfertiger. Transparenz vor dem Volk wäre für mich bei einer Demokratie eine Selbstverständlichkeit. Wenn man eine Handlung nicht vor den Menschen rechtfertigen kann, weil man starke, negative Reaktionen fürchtet, sollte das bereits als Hinweis dienen, dass diese Handlung falsch ist.

Das war ein recht intensiver Exkurs, aber es gehört zu den Themen, die mich an der heutigen Situation so sehr stören. Habgier und Machtgier sind stärker als alles andere. Ich habe schon lange den Eindruck, dass viele Politiker vergessen haben, dass es ihre Aufgabe ist, dem Volk zu dienen, und nicht umgekehrt.

Kommen wir zurück auf die vier Säulen des Systems. Die zweite Säule neben den Gesetzen ist die Religion. Da wir dieses Thema schon sehr ausführlich besprochen haben, kommen hier nur noch ein paar zusätzliche Denkanstöße.

Wie ich schon sagte, sind Staat und Religion historisch gesehen immer stark verwachsen gewesen. Das liegt daran, dass auch Regenten meist Gläubige waren, die bei Geistlichen Rat suchten. Aus diesem Grund besteht selbst heute noch eine traditionelle Verbindung von Staat und Kirche. Sei es der Schwur auf die Bibel oder der amerikanische Leitspruch *Für Gott und Vaterland*, die Kirche hat noch heute eine spürbare

Präsenz bei vielen politischen Anlässen. Da jedoch insbesondere die westliche Welt inzwischen die Religion als persönliche Entscheidung betrachtet, sodass das Christentum keineswegs mehr der einzige mögliche Glaube ist, stellt sich die Frage, weshalb es noch heute eine Kirchensteuer gibt. Laut Regierung handelt es sich dabei um eine *historische Verpflichtung*. Allein diese Begründung zeigt doch schon, dass es veraltet ist und in der heutigen Zeit keine Grundlage mehr hat.

Wie kommt es, dass unsere Regierung der Meinung ist, uns Geld abnehmen zu dürfen, um es einer Kirche zu geben, die wir möglicherweise gar nicht unterstützen möchten? Nicht jeder, der als evangelisch, katholisch oder jüdisch registriert ist, möchte auch die Institution einer Kirche finanziell unterstützen. Ich persönlich bin beim ersten Anzeichen der Kirchensteuer schon mit Anfang zwanzig aus der Kirche ausgetreten, zumal ich ohnehin nicht an göttliche Personifizierungen glaube. Ich finde es immer noch wunderlich, dass man quasi automatisch eine zusätzliche Steuer zahlen soll, die eigentlich auf einer bewussten Entscheidung fußen sollte. Moscheen werden in Deutschland durch Spenden finanziert, was ja im Grunde auch ein Zeichen der Hingabe der Mitglieder ist. Wenn sich nicht genügend Mittel aus Spenden für eine Kirche ergeben, ist das ein Zeichen dafür, dass sie nicht länger gebraucht wird. Deswegen ist auch der Name für mich recht deutlich. Es nennt sich nicht *Religionssteuer*, sondern *Kirchensteuer*. Man zahlt nicht für den Glauben, sondern für die Institution. Warum hat die christliche Kirche immer noch so viele Sonderrechte, selbst heute?

Auch andere Regeln zeigen deutlich den Einfluss der Kirche auf unsere Gesetze. Beispielsweise ist man in Deutschland verpflichtet, nach dem Tod einen Platz auf einem Friedhof für viele Jahre im Voraus zu mieten. Entweder wird es ein Platz für einen Sarg oder eine Urne. Das liegt daran, dass diese Praktiken nach der christlichen Kirche als offizieller Totenritus gelten. Warum dürfen Deutsche ihre Asche nicht in einen See oder ins Meer verstreuen lassen? Warum darf ein Deutscher seine geliebte Großmutter nicht im eigenen Garten bestatten oder die Urne auf dem Kaminsims platzieren? Ob das der psychischen Gesundheit guttut, lassen wir mal dahingestellt sein, aber ich persönlich finde das Ritual sehr erhaben, die eigene Asche dem Meer zu übergeben. Warum ist das hier nicht erlaubt?

Selbst in Parteinamen, z.B. *Christlich* Demokratische Union, sind teilweise noch religiös motivierte Komponenten enthalten. Gibt es nun eine Trennung von Staat und Kirche oder nicht?

Es ist natürlich nicht immer zweifelsfrei feststellbar, ob und wie der historische Einfluss der Kirche auf bestimmte Gesetze Einfluss hatte, aber es gibt genügend Hinweise und Richtlinien, die in anderen Ländern, speziell mit anderen Religionen, nicht gelten.

Teil des Systems ist die Religion deshalb, weil der Glaube noch heute sehr vielen Menschen sehr wichtig ist. Indem man Gott und die Kirche in politische Reden einbezieht, packt man diese Menschen bei ihrem Glauben und zieht sie so auf seine Seite.

11
Bildung

Der dritte Pfeiler des Systems ist die Bildung. Wie könnte man Menschen besser zum Gehorsam erziehen, als sie zum Gehorsam zu erziehen?

Warum funktioniert das so erschreckend gut und warum ist es so genial und gleichzeitig moralisch gesehen ein so großes Verbrechen an jedem einzelnen Bürger, dass man es für diese Zwecke ausnutzt? Schauen wir uns an, welche Eigenschaften Kinder haben, die wir als Erwachsene *vergessen* haben, bzw. die man uns abgewöhnt hat.

Von Natur aus ist ein Kind auf den Schutz seiner Eltern angewiesen, um zu überleben. Aus diesem Grund ist jedem Kind fest einprogrammiert, den Kommandos der Mutter oder des Vaters zu gehorchen, weil es überlebenswichtig ist. Sobald Kinder das Alter erreichen, dass sie mit der geistigen Entwicklung beginnen und sprechen lernen, ist ihr erster Impuls das intensive Stellen von Fragen. Das ist für ein Kind ebenso wichtig, wie das physische Erkunden der Umgebung unter der Aufsicht der Eltern.

Der Grund dafür ist ganz simpel: Kinder wissen instinktiv, dass Verstehen gleichbedeutend mit dem Überleben ist. Denkt an die Urzeit, wo ein Kind wissen musste, dass Säbelzahntiger keine Haustiere sind und welche Beeren giftig waren. Kinder erkunden die Welt, um sie Tag für Tag besser zu erfassen und zu verstehen. Fasst ein Kind auf die heiße Herdplatte, lernt es, diese als potenzielle Gefahr zu erkennen. Da die

Welt jedoch unendlich komplex ist, kann kein Mensch jegliches Wissen immer wieder selbst erfahren, daher geben wir Erfahrungen und Wissen an unsere Kinder weiter.

Die Kinder wiederum haben ein Urvertrauen zu ihren Eltern, und nehmen deren Wissen, Ansichten und Erfahrungen als Fakten an, die sie abspeichern, um ihr Weltbild zu formen. Sie nehmen in ihrem Inneren an, dass die Eltern sie auf das Überleben in der Welt vorbereiten. In dieser Orientierungsphase sind Kinder maximal beeinflussbar und können sehr leicht nach den eigenen Vorstellungen geformt werden.

Anschließend wird ein Kind nach den angenommenen Ansichten der Eltern handeln, im Vertrauen auf deren Richtigkeit. Das ist so lange der Fall, bis sie eigene Erfahrungen machen und individuelle Überlegungen anstellen.

Erinnert ihr euch noch an meine Gebäudemetapher beim Glauben? Lasst mich dieses Konzept erweitern. Wissen wird im menschlichen Gehirn abgespeichert und man kann es sich wie eine Stadt vorstellen. Wenn Kinder ihre ersten Erfahrungen machen und Wissen aufnehmen, bauen sie ihre ersten Häuser. Verhaltens- und Denkmuster bilden die Straßen und Infrastruktur, die die Gebäude miteinander verbinden. Es gibt zentrale Verwaltungsstellen, Verkehrsknotenpunkte und Hauptstraßen. Das alles entwickelt sich über die Zeit und hängt davon ab, welche Werte und Ansichten wir von unseren Eltern übernehmen.

Wie ein Mensch eine Information versteht und verarbeitet, hängt von der geistigen Infrastruktur ab. Ist z.B. jemand streng religiös erzogen worden, wird er in den meisten Fällen beim Verarbeiten einer Information die Straße zum Gebäude des Glaubens nehmen. Erhält man eine spezifisch wissenschaftliche Information, beispielsweise aus der Biologie, hat aber in seiner geistigen Stadt kein Biologiegebäude mit dem Grundwissen dazu, fährt man ein paar Straßen ab, findet aber keinen Ort, wo man den Baustein einbauen kann. Entweder wird diese Information dann wieder entsorgt, oder aber das Gehirn erfindet eine plausible Herleitung und formt einen passenden Grundstein dazu.

Ein zunächst überlebenswichtiges, aber später immer stärker nachlassendes Verhalten ist die berühmte Warum-Frage. Jedes Kind hat eine Warum-Phase, während der es aktiv versucht, seinen Wissensstand zu vergrößern und seine Stadt aufzubauen. Es ist ein vollkommen natürliches Verhalten, immer wieder nach dem Warum zu fragen. Das Bildungssystem in sehr vielen Ländern ist jedoch der Grund, weshalb wir dieses Verhalten ablegen. Es wird uns abgewöhnt.

Betrachten wir einmal, wie die Natur unsere Entwicklung vorgesehen hat. Man lernt die überlebenswichtigen Dinge von seinen Eltern und durch eigenes Erleben. Das sind in Grunde gar nicht so sehr viele Dinge, die man für den Anfang braucht, um sich auf der Welt zurechtzufinden. Während des Lernprozesses beginnen die meisten Kinder automatisch, alles Mögliche auszuprobieren. Sie tun das, um Interessen zu entwickeln und herauszufinden, was ihnen liegt. Der Körper und Geist eines Kindes wissen von ganz allein, was es gerade braucht. Manche Kinder haben mehr Energie und brauchen viel Bewegung, weil sie in Urzeiten geborene Läufer oder Krieger gewesen wären.

Diesen Menschen zu verbieten, ihre Energie rauszulassen, führt zu psychischen und physischen Schäden. Ebenso ist es bei Kindern, die eher ruhig sind und viel beobachten. Oft sind diese Kinder sehr intelligent und untersuchen Dinge wesentlich intensiver, um sie besser und detaillierter zu begreifen. Wenn solche Kinder kein Bedürfnis haben, herumzutoben oder mit anderen Kindern zu spielen, dann hemmt es ihre Entwicklung, wenn man sie dazu zwingt.

Das Ziel dieser Praktiken ist, dass alle Kinder gleich sein müssen. Wer nicht in diese Schublade hineinpasst, anders ist, wird abgesondert und abgelehnt.

Wie ich bereits im Kapitel zum Sinn des Lebens sagte, verfügt jeder von uns über natürliche Talente und Interessen. Würde man uns die Freiheit lassen, könnten wir schon als Kinder sehr viel darüber herausfinden, was uns antreibt und was wir lieben. Da uns das Bildungssystem diese Möglichkeit aber nicht gibt und uns dazu ausbildet, nach den Regeln der Gesellschaft zu funktionieren, verlernen wir diese Begeisterung und Neugier auch im späteren Leben.

Um das Spiel des Lebens spielen zu können, muss man die Regeln verstehen. Dieses Argument würde ein Politiker vorbringen, der als Bildungsminister tätig ist. Leider meint man damit aber nicht das Leben, sondern das Spiel der Gesellschaft. Um das Leben zu verstehen, muss man sich selbst und die Welt so lange erkunden, bis man seinen Lebenssinn findet. Anstatt uns also zu lehren, wie man glücklich wird, lehrt man uns, wie man konform ist und nach der gesellschaftlichen Definition von Glück strebt, anstatt der tatsächlichen Definition.

Alles klar, du willst uns also sagen, dass das Bildungssystem eigentlich ein weiterer Kontrollapparat ist.

Bitte vergesst nicht, dass das hier nur eine Beobachtung ist. Ihr müsst meine Ansichten nicht teilen.

Bildung war ursprünglich dazu gedacht, dass man Kindern Wissen vermittelte, das sie für ein besseres Leben in der Welt brauchen würden. Dazu gehörten elementare Dinge wie lesen, schreiben und rechnen. Das kann man mit den provisorischen Schulen in heutigen Dritte Welt-Ländern vergleichen. Die ersten historisch belegten Schulen gab es im alten Sumer mehr als 3.000 Jahre vor Christus, im heutigen Irak. Auch im alten Ägypten und im antiken Athen gab es derartige Bildungsanstalten oder Privatlehrer, die jedoch noch nicht verpflichtend, sondern den wohlhabenden Familien vorbehalten waren. Erst in der Römischen Kaiserzeit wurden öffentliche Schulen eröffnet und später kamen kirchliche Schulen hinzu, die nur den Geistlichen zur Verfügung standen. Erst im 16. Jahrhundert entstand die allgemeine Schulpflicht, wobei Lesen, Schreiben und Rechnen weiterhin die zentralen Inhalte waren.

Mit der Zeit kam immer mehr dazu, was Kinder lernen sollten. Allgemeinwissen, ethische Grundlagen und Wissen über die Götter. Je mehr Wissen man Kindern bereits früh im Leben vermitteln wollte, desto länger dauerte das Ganze. Zudem wurde die Entscheidung, welches Wissen vermittelt werden sollte, von Menschen getroffen, die bereits tief in der Gesellschaft verwurzelt waren und kein anderes Leben mehr kannten. Sie bedachten nicht, dass Kinder in ländlicheren Regionen weit weniger politische Grundlagen brauchten, als Stadtkinder mit Eltern in Ämtern.

Immer stärker wurde die Bildung generalisiert und es wurden immer mehr Wissenskomponenten hinzugefügt, die aber maximal einem Bruchteil der Kinder im späteren Leben einen Nutzen bringen würden. Und wie bei den meisten gesellschaftlichen Traditionen war die Bildung der Kinder irgendwann schon so lange ein fester Bestandteil des Lebens, dass man keine grundlegenden Änderungen mehr in Erwägung zog oder das bestehende Bildungssystem hinterfragte.

Dazu kommt noch, dass im Laufe der Zeit immer mehr Kinder sogenanntes Fehlverhalten zeigten, ungehorsam waren oder sich den Lehren verweigerten. Man deutete das als schlechte Erziehung der Eltern oder als störrische Charakterzüge der Kinder, aber in Wahrheit handelt es sich dabei in den wenigsten Fällen um psychische Störungen. Es ist schlicht die Natur eines Kindes, seinen Geist frei entfalten zu wollen. Kinder wissen genau, was sie interessiert und was nicht. Sie sind noch nicht so sehr von der Gesellschaft beeinflusst, dass sie Strafe fürchten oder sich anpassen wollen. Sie handeln nach ihren Impulsen, weil das völlig normal ist.

Es ist extrem unnatürlich, ein Kind dazu zu zwingen, mehrere Stunden am Stück stillzusitzen und zuzuhören, besonders wenn das Thema nicht interessant für ein Kind ist.

Heutzutage wird ein Kind bereits im Kindergarten dazu gezwungen, in Stuhlkreisen zu sitzen, bestimmte Zeiten einzuhalten, rauszugehen, reinzugehen, auf Kommando zu schlafen. Betrachtet man das rational von außen, ist das bereits als Indoktrination zu werten. Man zwingt das Kind, nach von anderen festgelegten Regeln zu agieren und sämtliche eigenen Impulse gewaltsam zu unterdrücken. Es braucht keinen Experten, um zu erkennen, dass das weder natürlich noch gesund ist.

Im Grunde ist es eine Vorbereitung auf die Grundschule, wo diese erzwungenen Regeln noch härter und für die meisten Kinder noch viel schlimmer sind. Was tun Kinder, wenn sie zuhause sind? Sie spielen, sie rennen herum, sie beobachten, sie lernen und sie stellen Fragen. Sie folgen ihren Interessen und entwickeln diese durch gezieltes Fragen und

Probieren ganz natürlich weiter. Stattdessen zwingt man sie, stundenlang regungslos am selben Platz zu verharren und sich Dinge anzuhören, für die sie noch nicht bereit sind, die sie nicht interessieren oder verstehen. Ist es da ein Wunder, dass *manche* Kinder nach den ersten Schultagen weinen und nicht mehr dorthin wollen?

Was ein Kind in der Schule tagtäglich erlebt ist rational betrachtet nichts anderes als mentale Folter. Sie dürfen nicht ihren Interessen oder Bedürfnissen folgen und man zwingt ihnen feste Strukturen auf. Man erkennt leicht die Parallelen zur späteren Arbeitswelt. Es ist also keine große Leistung, das Schulwesen als Vorstufe des Arbeitslebens zu betiteln. Damit ist allerdings keineswegs eine Vorbereitung durch die Vermittlung von wertvollem Wissen gemeint, sondern es geht darum, den Kindern und Jugendlichen ihre Individualität und den Freigeist zu nehmen, damit sie später den Regeln der Gesellschaft folgen, ohne sie zu hinterfragen.

Fragt euch selbst: Wie oft steht ihr morgens auf und geht widerwillig an die Arbeit, denkt an das nötige Geld und wünscht euch ein anderes Leben? Wie viele von euch sind damals widerwillig aufgestanden und in die Schule gegangen, obwohl ihr dort nur uninteressante Sachen lernen und Arbeiten schreiben musstet? Es hat sich nichts verändert. Auch als Erwachsene ist es unnatürlich, stundenlang stillzusitzen und Dinge zu tun, die wir freiwillig nie tun würden. Warum tun wir sie dann? Weil wir funktionieren. Wir sind wie Hunde, deren Leine man um eine Wasserflasche am Boden legt und die dort sitzen bleiben, weil sie denken, sie kämen nicht weg. Das Bildungssystem hat uns an die Leine gezwungen und im Erwachsenenleben haben wir uns so sehr an diese Leine gewöhnt, dass wir sie selbst halten und es nicht einmal mehr bemerken.

Untersuchen wir den Werdegang im Bildungssystem doch noch etwas detaillierter. Sobald wir als Kinder lange genug in der Schule sind, haben die meisten von uns sich an das unnatürliche Verhalten gewöhnt. Manche der Lerninhalte sind vielleicht sogar interessant, andere sind es nicht. Es dauert dann nicht lange, bis man merkt, dass fast alle Kinder Stärken und Schwächen haben, also Talente. Man unterscheidet im Allgemeinen zwischen Menschen mit stärker ausgeprägtem logisch-analytischen Verstand und Menschen mit stärker ausgeprägter Kreativität. Allerdings ist das nur eine oberflächliche Einteilung. Jeder Mensch hat ganz individuelle Talente und Interessen.

Würde man einem Kind erlauben, sich nur auf diese Interessen zu konzentrieren und darauf aufbauende Schwerpunkte zu lernen, würde es ihnen mehr Spaß machen und sie könnten sehr schnell eine Expertise entwickeln. Dadurch würden Menschen entstehen, die nicht nur Freude an dem haben, was sie tun, sondern die auch noch sehr gut darin wären.

Stattdessen verwendet das Bildungssystem das Gleichheitsprinzip, nach dem jeder alles lernen muss. Ihr kennt vielleicht den Vergleich mit den Tieren, die einen Baum hochklettern sollen. Ein Koala und ein Eichhörnchen können das schnell tun und haben sogar Spaß dabei, aber ein Goldfisch wird niemals einen Baum erklimmen können, egal wie sehr er gedrängt wird.

So ist es auch mit Kindern. Wenn ein Kind schlecht in Mathematik ist, dann wird es trotz Druck und Zwang niemals ein Mathematiker oder Physiker werden wollen oder können. Welchen Zweck hat es also, dieses Kind auch noch mit schlechten Noten zu bestrafen und damit seinen

Selbstwert zu zerstören? Erneut kann man hier von mentaler Folter sprechen.

Gerne wird hier argumentiert, dass man jedem Kind die Grundlagen geben möchte, damit es später alle Optionen hat. Ein Kind, das in der Schule die Mathematik hassen gelernt hat, wird mit sehr hoher Wahrscheinlichkeit kein Mathematikstudium beginnen. Diese Argumentation ist also keineswegs intelligent. Insbesondere, weil ein Mensch auch später im Leben, sollten sich die Interessen verändern, noch all diese Dinge erlernen kann. Mit dem Ende der Schule endet ja nicht unsere Lernfähigkeit. Warum muss man sich unbedingt für sein ganzes Leben festlegen? Auch das ist unnatürlich.

Der Mensch und seine Wahrnehmung verändern sich im Laufe seines Lebens. Vielleicht möchte man eines Tages ganz plötzlich etwas völlig anderes tun. Das wäre jedoch für die Gesellschaft nicht effizient, daher wird es bestmöglich verhindert. Man erwirbt Zertifikate, Zeugnisse und Erfahrungen in einem Bereich und es wird einem schwergemacht, in ein anderes Feld zu wechseln, da man dort keine Erfahrung nachweisen kann.

Das führt mich auch direkt zum nächsten Thema im Bildungssystem: Nachweise und Zeugnisse. Da man bei Kindern schnell bemerkt, dass sie sich weigern, Dinge zu lernen, die sie nicht interessieren, hat man Arbeiten, Klausuren und Prüfungen eingeführt. Indem man den Kindern Druck macht, zwingt man sie, nachzugeben und sich den Lernstoff gewaltsam einzuflößen. Das funktioniert hervorragend, weil man Kinder von Anfang an lehrt, dass schlechte Bewertungen und Ergebnisse bedeuten, dass sie schlecht sind. Ihnen wird beigebracht, dass ihr Selbstwert, ihr Wert als Mensch, von ihren Leistungen abhängt. So entsteht

Prüfungsangst. Man übergibt die Bewertung seines eigenen Wertes einem Lehrer, Professor oder generell einer anderen Person, die sich der Verantwortung meist nicht einmal bewusst ist und gnadenlos urteilt.

Dadurch entsteht eine Gesellschaft aus Menschen, die alle Angst davor haben, von anderen schlecht beurteilt zu werden. Auch hier zeigt sich wieder die Angst als Werkzeug, um den Geist der Menschen zu brechen und sie zu kontrollieren.

Dieses Vorgehen reicht jedoch noch viel weiter. Jede Prüfung gipfelt am Ende in einem Zeugnis. Ein weiteres Dokument, das nur basierend auf Zahlen und Bewertungen unsere Qualität als Mensch anzeigen soll, was völlig frei jeder Aussagekraft ist. Es gibt unendlich viele Faktoren, die uns als Menschen wertvoll oder fähig machen. Wie hoch ist die Wahrscheinlichkeit, dass man in allen vom Bildungssystem festgelegten Fächern gut ist? Ob man mitfühlend ist, anderen geholfen hat, ob man nur aufgrund bestimmter Konzentrationsschwierigkeiten schlechte Ergebnisse erzielt hat oder am Prüfungstag einen schlechten Tag hatte, etc. Es gibt so viele Dinge, die ein simples Zeugnis nicht berücksichtigt.

Dennoch wird es als zentrales Dokument für unsere Zukunftsoptionen verwendet. Ein Dokument, das die Leistungen eines Kindes oder Jugendlichen bewertet, die in ihrem Alter nicht einmal die geistige Reife besitzen, die Bedeutung dieser Zeitspanne zu erfassen. Dennoch gibt es kein Zurück mehr, wenn die Schule erst beendet ist. Man muss nur in seiner Jugend naiv oder faul gewesen sein, um sich Chancen im Leben zu verbauen. Es ist keine Schwierigkeit, den Fehler in diesem System zu erkennen.

Und es geht noch weiter. Universitäten arbeiten mit Credit Points, um einen Titel zu erwerben. Handwerker müssen ebenfalls Meistertitel erwerben, um sich selbstständig machen zu dürfen. Man braucht für jede Tätigkeit eine Kontrolle, Prüfung oder einen Test, um einen Nachweis zu erhalten. Die Fähigkeiten und Talente eines Menschen werden in der heutigen Zeit auf einen Stapel Papier reduziert, der keine Aussagekraft hat.

Ich selbst habe einen Bachelortitel und ein Dokument, das mir bestätigt, dass ich mich offiziell *Ingenieur* nennen darf. Dabei bin ich furchtbar schlecht in Mathematik und habe weder Interesse noch Talent für Elektrotechnik. Ich würde mich nicht einmal trauen, eine simple Steckdose einzubauen. Im Grunde bin ich ein Musterbeispiel dafür, dass man mit genügend Leidensfähigkeit, Ehrgeiz und Disziplin jeden beliebigen Titel oder Rang erlangen kann, ohne wirklich fähig auf diesem Gebiet zu sein. Und genau wie ich tun das viele Menschen, weil diese Titel und Abschlüsse in der Gesellschaft Türen öffnen.

An dieser Stelle liegt ein ganz grundlegender Fehler im System. Wie kann es sein, dass man nur mit stumpfer Disziplin oder Beziehungen die höchsten Positionen der Gesellschaft erreichen kann, obwohl man dafür nicht befähigt ist? Es liegt daran, dass diese Zeugnisse und Zertifikate nicht bescheinigen, wie gut man in etwas ist, sondern nur, wie gut man sich dem System fügen, sich gewaltsam Wissen einflößen und stumpfsinnig Anweisungen befolgen kann. Es zertifiziert im Grunde, wie gefügig wir sind. Genau deshalb dürfen Personen mit guten Zeugnissen auch in wichtige Positionen erhoben werden. Sie sind so sehr konform und gebrochen, dass sie nie auf die Idee kämen, ihre Leine abzunehmen und etwas am System zu verändern. Sie sind für die Mächtigen keine Gefahr, sondern willenlose Werkzeuge.

Ich selbst war auch gut im Studium und hätte durchaus die Möglichkeit gehabt, in den Rängen des Systems aufzusteigen. Inzwischen habe ich jedoch entschieden, mein Leben nicht mehr als höriger Bürger zu verbringen und schön den ausgetretenen Wegen zu folgen, auf die man uns führen will. Ich habe erkannt, dass das nicht mein Lebenssinn ist. Ich habe beschlossen, meine Freiheit zu nehmen und meinen eigenen Weg zu finden, denn das können wir alle tun.

Ganz kurz als Einwurf an dieser Stelle: Ich will damit nicht sagen, dass alle Menschen mit guten Zeugnissen automatisch Roboter sind. Sehr viele Menschen haben durchaus das Glück gehabt, ihre Bildungslaufbahn genug zu steuern, um Dinge zu lernen, die sie faszinieren. Ich bin auch davon überzeugt, dass viele Absolventen wirklich gut in ihren Professionen sind. Aber die meisten von denen, die wirklich fähig sind, haben das nur erreicht, weil sie zusätzlich zum Bildungssystem eigene Weiterbildungen gemacht und viel Praxiserfahrung gesammelt haben.

Beispielsweise kann ich fließend Englisch sprechen und oft bemerken Muttersprachler nicht einmal, dass ich keiner bin. In der Schule war ich aber meistens dennoch nicht bei den Besten in diesem Fach. Ich habe die Sprache zuhause gelernt, weil das Schulenglisch für den realen Austausch mit Fremdsprachlern völlig nutzlos ist. Man kann Können und Talent nicht anhand von Zeugnisnoten und Titeln erkennen. Und diesen Gedanken müssen wir ablegen, wenn sich etwas verändern soll.

Ein weiterer Punkt, der beim Bildungssystem Fragen aufwirft, ist der Lerninhalt. Ich selbst habe Abitur, Ausbildung und Studium hinter mir und kann jetzt guten Gewissens sagen, dass ich von all dem Schulstoff aus über 19 Jahren der Ausbildung gerade mal 5% wirklich brauche, wenn überhaupt. Den Rest des Wissens, das ich üblicherweise brauche oder habe, habe ich mir in meiner Freizeit selbst angeeignet, weil es meinen Interessen dient.

Schauen wir uns doch mal die Fülle an Fächern an, die man in der Schule durchläuft. Da wären zum Einen die Grundfächer Mathematik und Deutsch. Das, was man früher lesen, schreiben und rechnen genannt hat. Bereits da muss ich sagen, dass mir die ersten vier Jahre genügt hätten. Sobald man richtig lesen und schreiben kann, ist alles Weitere nur für jene interessant, die sich für Sprachwissenschaften begeistern können. Ich persönlich habe jegliche Lektüren wie Goethe oder andere deutsche Literatur gehasst, weil es alte Sprache ist und man die Intentionen der Schriftsteller heute gar nicht mehr wirklich nachvollziehen kann, schon gar nicht als Jugendlicher. Das mag ein Kulturerbe sein, aber das macht es nicht automatisch für jeden bedeutsam. Dinge wie Versmaß und grammatische Feinheiten fand ich immer völlig nutzlos und sie interessieren mich selbst heute, wo ich Autor bin, kein bisschen.

Auch in der Mathematik genügt das Grundwissen vollkommen, um durchs Leben zu kommen. Wenn ich zurückblicke, konnte ich mit den einfachen Dingen wie dem simplen Dreisatz in der Ausbildung weit mehr anfangen als mit allen Funktionen und Integralen in den Jahren davor. Solche Dinge sind für Menschen, die sich nicht spezialisieren wollen, völlig nutzlos.

Diese beiden Grundfächer sollten nur als Grundlagen für alle Kinder gelehrt werden und anschließend optional sein.

Wie sieht es mit den Naturwissenschaften aus? Nun ja, die Grundlagen sind durchaus interessant und gut zu wissen, aber sobald es an chemische Formeln und physikalische Probleme geht, die über die simplen Anfänge hinausgehen, ist das nicht mehr für jeden interessant und nützlich. Auch hier sollten nur die Grundlagen für alle Schüler gelehrt werden.

Insbesondere kreative Fächer wie Kunst und Musik sind vollkommen nutzlos für Kinder, die keinen Bezug dazu haben. Ich persönlich war zwar schon immer musikalisch, aber mich hat weder Notenlesen noch klassische Musik je interessiert. Auch berühmte Komponisten oder Künstler sind für kaum einen Jugendlichen interessant, der sich nicht auch privat damit beschäftigt. Dazu kommt noch, dass, wenn man dazu gezwungen wird, sich mit Goethe, Beethoven oder van Gogh zu beschäftigen, man sogar eine Abneigung entwickeln kann, die man ansonsten womöglich nicht hätte. Generelle Grundlagen der Musik und Kunst, sich selbst auszuprobieren, genügt für die Allgemeinheit vollkommen.

Fremdsprachen mögen für das spätere Leben durchaus hilfreich sein, aber es gibt viele Menschen, die sich damit sehr schwertun. Warum also zwingt man sie dann, sich mit einer Sprache zu befassen, die sie nicht interessiert und zu der sie keinen persönlichen Bezug haben? Warum lehrt man noch heute eine tote Sprache wie Latein? Englisch ist die am meisten genutzte Sprache der Welt und die Wahrscheinlichkeit ist hoch, dass man sie brauchen wird. Daher ist diese Sprache durchaus ein sinnvolles Fach, aber wie immer geht man dabei auf eine Weise vor, die für Kinder nicht funktioniert. Man lehrt trockene Grammatikregeln und wendet sie auf bedeutungslose, unzusammenhängende Beispielsätze an. Wenn man eine Sprache wirklich lernen soll, muss man sie hören und anwenden, nicht studieren. Selbst die Schriftform ist zweitrangig, wenn es um reine Sprachfähigkeit geht.

Kinder, die ihre Muttersprache lernen, bekommen schließlich auch keine Textbücher und Grammatikregeln, sondern erlernen die Sprache durch zuhören und sprechen. Wieso sollte man eine andere Sprache dann auf eine völlig andere Weise erlernen?

Abgesehen von Englisch sind alle anderen Sprachen in ihrer Bedeutung für die Menschen vollkommen individuell, sodass man nicht Französisch oder Spanisch erzwingen sollte, wenn es einer Person keinen Nutzen bringt.

Dann gäbe es da noch Geschichte. Im Alltag ist Geschichte für die wenigsten Menschen relevant, sodass man diesen Teil des Unterrichts stark schrumpfen kann. Die Weltgeschichte ist so lang und komplex, dass man sie in einem ganzen Leben nicht lesen könnte. Besonders Jugendliche haben meist wenig Interesse an der Vergangenheit, sodass die Inhalte auf taube Ohren stoßen. Zudem fokussiert sich der Geschichtsunterricht in den Schulen meist nur auf die eigene Landesgeschichte und einige wenige andere Dinge. Besonders in Deutschland exerziert man das Römische Reich und den Zweiten Weltkrieg gleich mehrmals durch, bis man es nicht mehr hören kann. Dadurch erzeugt man beim Nachwuchs ein Gefühl von Schuld, das mit ihnen nicht das Geringste zu tun hat. Ich bin nach 1945 geboren und ich schulde der Welt gar nichts. Wir müssen uns nicht dafür schämen, Deutsche zu sein, zumindest nicht aufgrund der Nazi-Zeit.

Anstatt also das Hauptaugenmerk auf das eigene Land zu legen und manche Inhalte gleich mehrfach durchzugehen, sollte der Fokus stattdessen erweitert werden und stärker auf anderen Kulturen liegen. Die chinesische Geschichte, die japanische Geschichte, die persische Geschichte, Amerika, Brasilien, Kanada, Afrika oder Großbritannien. Wir kennen die Namen aller deutschen Flüsse auswendig, aber kaum jemand weiß etwas über die Edo-Periode Japans, die Zeit der drei Reiche Chinas, die italienische Renaissance, die ägyptischen Pharaonen oder das viktorianische London. Wenn wir schon Allgemeinwissen fördern wollen, dann würde etwas mehr Abwechslung nicht schaden. Allerdings sollte auch dieser Teil des Unterrichts nach einigen Grundlagen optional sein.

Wie sieht es mit Religion und Sport aus? Beides sind Fächer, die eine sehr persönliche Komponente haben. Religionsunterricht verpflichtend zu machen ist schon allein aufgrund der Religionsfreiheit eine sehr fragwürdige Tradition. Es ist ein weiteres Beispiel für den Einfluss der Kirche auf den Staat, das inzwischen nicht länger vertretbar ist.

Sportunterricht ist rational betrachtet sinnlos, da es sportliche und unsportliche Menschen gibt. Sportliche Menschen treiben in ihrer Freizeit Sport und tun dabei die Dinge, die ihnen Spaß machen. Schulsport ist für sie meist langweilig und sie müssen Dinge tun, die ihnen keine Freude machen. Für unsportliche Menschen genügen die wenigen Stunden in der Woche nicht, um es als Fitness zu definieren. Stattdessen erleben sie den Sportunterricht als Tortur, und sie werden zusätzlich von den sportlichen Kindern dafür gemobbt. Es ist ein gezielter Angriff auf den Selbstwert eines Kindes, was ich persönlich sehr bedenklich finde.

Es gibt bis heute nur wenige Alternativen zum klassischen Bildungssystem, da die Gesellschaft nicht möchte, dass wir uns frei entfalten können. Einige wenige Ausnahmen sind Montessori- oder Waldorf-Schulen. Dortige Lehrmethoden basieren auf eben den Erkenntnissen, die in diesem Kapitel genannt werden. Sie lassen Kindern wesentlich mehr Freiheit, sich selbst zu entdecken und ihre Interessen ohne Zwang zu entwickeln. Interessanterweise schneiden Schüler solcher Schulen trotz fehlendem Druck und ständigen Prüfungen in Vergleichstests durchaus besser ab, schon allein weil sie weniger inneren Widerstand und mehr Interesse und Begeisterung haben.

Wie es jedoch immer der Fall ist, wenn etwas die Struktur des Systems bedroht, werden diese Schulen von den Medien gern als Unsinn deklariert und man greift einzelne Komponenten aus dem Zusammenhang, um sie ins Lächerliche zu ziehen. So soll sichergestellt werden, dass nicht noch mehr Eltern ihre Kinder auf solche Schulen schicken oder gar derartige Praktiken in normalen Schulen fordern.

Ich sehe schon, Kevin, du bist kein Fan vom Schulsystem. Was wäre denn deiner Meinung nach wichtig für Kinder?

Rechnen, schreiben und lesen sind natürlich weiterhin bedeutsam und all die anderen Fächer darf es gerne weiterhin geben, allerdings sollten sie alle nach einer Grundlagenzeit optional werden. Sobald ein Kind das Basiswissen erlernt hat, kann es bereits sagen, in welchen Fachbereichen es Interesse und Motivation hat. Daher sollte es freistehen, sich auf diese Dinge zu konzentrieren, anstatt Zeit mit Fächern zu verschwenden, deren Inhalte man nur widerwillig lernt und sie anschließend sofort wieder vergisst. Jedes Kind sollte die Dinge auswählen können, die es vertieft lernen möchte. Dadurch würde die effektive Schulzeit sinken und man kann sie durch freie Beschäftigung ersetzen. Das wäre ein Zeitraum, wo sich Kinder oder Jugendliche mit Themen befassen können, die sie interessieren.

Viele würden fürchten, dass die Kinder dann nur sinnlos spielen und nichts lernen, aber auch soziale Interaktion ist ein Lernprozess und unterstützt die Weiterentwicklung. Nichts, was man tut, ist nutzlos, alles erzeugt Erfahrung.

Ein hilfreiches Fach für Jugendliche älterer Semester wären praktische, lebensunterstützende Dinge wie Steuererklärungen, Bewerbungen, gesunder Umgang mit sozialen Medien, Ölwechsel am Auto, Reparaturen in Haus und Garten, handwerkliche Grundlagen, kochen, backen, grundlegende Computerfunktionen – alle Arten von Dingen, die das alltägliche Leben erleichtern und zum Allgemeinwissen und nützlichen Alltagsfertigkeiten gehören.

Dann würde ich Dinge wie Geschichte oder einfache Texte dazu nutzen, das Hinterfragen zu lehren. Kinder sollen sich mit Situationen befassen und die Motive der Akteure analysieren, um kritisches Denken zu lernen.

Kinder sollten schon früh in der Schule lernen, was Emotionen und Bedürfnisse sind und wie sie das Verhalten beeinflussen. Sie sollen sich selbst besser verstehen können, was auch die Pubertät etwas erleichtern könnte.

Philosophie, Ethik und moralische Fragestellungen sollten einen festen Platz im Unterricht haben. Es geht darum, dass Kinder lernen, was sie als richtig oder falsch definieren und dass sie ihre Weltanschauung bewusster erleben. Dabei können auch Religionen und Glaubensrichtungen berücksichtigt werden, damit die Kinder begreifen, dass es viele Blickwinkel gibt. Unter anderem würde ich hier Streitgespräche und Argumentation einbauen. Natürlich würde sich der Schwierigkeitsgrad dieses Faches mit dem Alter verändern.

Ich würde die Geschichte auf kurze Exkurse in verschiedene Länder reduzieren, weil die Vergangenheit abgesehen von der Allgemeinbildung nur für wenige Menschen später noch relevant ist. Stattdessen würde ich daraus Kulturunterricht machen. Dort würde man sich mit den verschiedenen Kulturen anderer Länder beschäftigen und sie kennenlernen. Das würde enorm dabei helfen, Aufgeschlossenheit und Akzeptanz zu erhöhen und es könnte auch eine große Hilfe dabei sein, Rassismus und Intoleranz zu verringern.

Beim Schulunterricht sollte es nicht nur um Allgemeinwissen und Grundlagen für spätere Berufsrichtungen gehen, sondern es sollte auch darum gehen, Kindern einen Sinn für rationales Denken, kritisches Denken und einen eigenen moralischen Kompass zu vermitteln. Denn wenn wir weniger Wert auf stures Auswendiglernen von Buchwissen legen und mehr das eigenständige Denken fördern, wäre die Bevölkerung auch in der Lage, mit viel weniger Gesetzen und Regeln auszukommen.

Unterm Strich würde ich von den starren Strukturen der heutigen Bildung Abstand nehmen. Dreizehn Jahre bis zum Abitur, sämtliche Fächer und Inhalte unveränderbar festgelegt und mit Prüfungen in jedem Quartal bauen viel zu viel Druck auf und verhindern eine eigenständige Entwicklung.

Stattdessen sollte Lernen niemals mit Druck stattfinden, sondern an die individuellen Bedürfnisse jedes Menschen angepasst sein. Jedes Kind ist einzigartig, warum behandelt man sie dann alle gleich? Selbst Wirtschaftsunternehmen gehen heute immer stärker in Richtung einer personalisierten Lernerfahrung, weil sie gemerkt haben, dass dieser

Ansatz am besten funktioniert. Mit moderner Technologie ist ein solches Ziel durchaus erreichbar.

12
Wirtschaft und Gesundheit

Jetzt haben wir so viel darüber gesprochen, wie man uns zu funktionierenden Musterbürgern erzieht, dass wir uns anschauen sollten, was das genau bedeutet.

Der zentrale Aspekt unserer heutigen Realität ist die Wirtschaft. Sie ist ein durchdacht errichtetes Konstrukt aus Abhängigkeiten und Beziehungen, deren einziges Ziel es ist, Geld zu mehren, indem man das Volk zum Konsum ermuntert.

Wirtschaft bezieht sich ganz grundlegend darauf, dass es Unternehmen gibt, die Waren oder Dienstleistungen produzieren und dafür Geld verlangen. Dafür brauchen sie Arbeitskräfte, denen sie dieses Geld dann wiederum geben. Genau betrachtet ist es ein Teufelskreis. Allerdings sind die meisten Unternehmen auf etwas ausgerichtet, dass ein modernes Wort für Gier ist: Profit. Alles dreht sich darum, Profit zu machen. Profit bedeutet, dass man mit den verkauften Produkten und Dienstleistungen mehr Geld einnimmt, als man den Mitarbeitern, anderen Unternehmen und dem Staat abgeben muss.

Aber was passiert letztlich mit diesem überschüssigen Geld? Zum Teil wird es benutzt, um das Unternehmen zu vergrößern. Mehr Gebäude, mehr Standorte, mehr Mitarbeiter, mehr Maschinen ... einfach mehr von allem. Der ganze Rest geht an eine geringe Zahl von Menschen, die weit oben in der gesellschaftlichen Hierarchie stehen. Die Reichen und Mächtigen. Ganz egal, wer sein Geld für was ausgibt, am Ende landet es immer wieder in der Tasche einer solchen Person. Wenige, die sich durch Glück, Intelligenz, Skrupellosigkeit oder andere Besonderheiten über andere erhoben haben.

Und wie ich schon im Kapitel Sinn des Lebens sagte, sorgen Habgier und Machtgier dafür, dass diese Menschen immer mehr anhäufen wollen. Dabei geht es ihnen unterbewusst meist darum, glücklich sein zu wollen und dies mit mehr Reichtum und Überfluss zu erreichen hoffen. Andere haben den Bezug zur Realität verloren und handeln frei jeder Moral, um ihre ganz eigenen Ziele zu verfolgen.

Dadurch entstand ein Wirtschaftssystem, in dem jeder Mensch auf dieser Welt gefangen ist, der nicht isoliert als Selbstversorger im Urwald lebt. Mit Geld als zentralem Tauschmittel nutzen Unternehmen gezielte psychologische Kriegsführung, auch Werbung genannt, um unsere Glücksdefinition zu beeinflussen und Konsumgier zu erwecken. Sie nutzen ihre Gier, um unsere Gier wachzurufen.

Man macht uns Glauben, schnelle Autos, teure Häuser, Schmuck und Spielereien seien die Erfüllung des Lebens. Und wir glauben es. Geld öffnet Türen, man erfährt Sonderbehandlung, Respekt, oberflächliche Liebe, Ruhm und Spaß. Mit Geld kann man alles kaufen. Aus diesem Grund widmen die meisten Menschen ihr Leben dem Streben nach Geld. Sie machen Jobs, die sie hassen, weil es mehr Geld bringt. Sie riskieren Geld, um mit Glücksspiel oder Aktien mehr daraus zu machen, obwohl sie wissen, dass die Bank immer gewinnt. Manche Menschen tun einfach alles für Geld. Sie opfern ihre Jugend, ihre Lebenszeit, ihre Energie, ihre Körper, ihre ganzen Leben für mehr Geld. Und doch ist es nie genug.

Genau das ist das Ziel des Kapitalismus. Er hat kein Ende, und daher kann auch niemand gewinnen. Selbst jene, die glauben, sie hätten gewonnen, weil sie mit Millionen oder mehr in ihren schicken Häusern sitzen, haben dafür fast immer sehr viel geopfert. Einige davon sogar ihre Seele.

Dieses System nutzt nicht nur den Unternehmen, sondern auch dem Staat. Solange alle Menschen ihre gesamte Energie auf den Erwerb von Geld ausrichten, hat niemand ein Auge dafür, was die Regierungen ganz genau tun. Inzwischen ist jedoch auch der Staat so sehr von Geld abhängig, das große Wirtschaftsfiguren ganze Länder kaufen könnten.

Allerdings wissen reiche Menschen, wie eingeschränkt man als Politiker ist, weil man offiziell dem Volk dient. Nutzt man sein Geld jedoch gezielt dafür, die Menschen und politische Schlupflöcher zu beeinflussen, kann man ein ganzes Land lenken, ohne dabei überhaupt gesehen zu werden. Beinahe grenzenlose Macht ohne jegliche Rechenschaft. So sieht unsere Welt heute aus.

Dinge wie Lotto, gelegentliche Aufsteiger, Prominente - das alles sind Ausnahmen, die bewusst zugelassen werden, damit die Menschen weiterhin hart arbeiten und die Hoffnung behalten, es gäbe einen Ausweg aus dem Hamsterrad der Wirtschaft. Leider gibt es den nicht, denn wenn eine bekannte Persönlichkeit Kritik an diesem System oder seinen Spielern äußert, kann sie auch ganz schnell wieder fallen. Denunziation, verringerte Glaubwürdigkeit, Gerüchte, plötzlich auftauchende Drogenprobleme, Mordverdacht oder andere kriminelle Anschuldigungen, damit das Ansehen beim Volk sinkt. Schon sind die Worte einer Person nichts mehr wert.

Wenn man so etwas sagt, reagieren viele Menschen mit ungläubigen oder sogar amüsierten Blicken. Wenn der Grundstein der eigenen Weltanschauung der Glaube an das Gute im Menschen ist, an die Ideale der Politik und die Annahme, die Reichen und Mächtigen hätten alle nur unser Wohlergehen im Sinn, dann ist so etwas natürlich unvorstellbar. Es ist, als würde man einem fanatisch Gläubigen sagen, dass Gott nicht existiert. Genauso gut könnte man gegen eine Wand reden.

Es reicht nicht, diese Tatsachen zu hören. Man muss sie sehen. Da das bei den aktuellen Regierungen nicht immer ganz einfach ist, kann man sich auf die Geschichtsbücher beziehen. Zwar sind auch diese stets vom Sieger geschrieben worden, aber selbst parteiische Berichte vergangener Reiche zeigen ganz deutlich, wie viele Herrscher und Regierungen von Korruption und Machtgier zerfressen wurden. Es ist daher keineswegs weit hergeholt, zu behaupten, dass das auch heute noch möglich ist.

Eines der wohl bekanntesten und auch moralisch gesehen schlimmsten Beispielen ist das Gesundheitswesen. Der Anfang des Gesundheitswesens liegt im antiken Griechenland. Damals glaubten die Menschen, dass Krankheiten Strafen waren, die ihnen den Zorn der Götter verkündeten. Sie brachten Opfer und beteten, was jedoch in den meisten Fällen keinen Effekt hatte. Kleiner Kommentar von mir persönlich: Oh welch Überraschung.

Zu dieser Zeit gab es einen Gelehrten namens Hippokrates, der nicht ganz so gläubig war und stattdessen den Verlauf und die Symptome der Krankheiten studierte. Er erforschte Kräuter, Behandlungen und alle möglichen Wege, Menschen zu heilen. Er schwor einst, dass er niemals jemandem schaden würde. Daraus entstand der noch heute bekannte hippokratische Eid. Die Religion war auch Jahrhunderte später noch ein Feind der wissenschaftlichen Heilkunde und Medizin. Kräuterkundige Frauen wurden als Hexen verbrannt und selbst Leonardo da Vinci musste einige seiner anatomischen Studien heimlich durchführen. Dennoch waren sie alle bestrebt, den menschlichen Körper und seine Schwächen zu verstehen, um die Lebensdauer zu verlängern und Krankheiten zu bekämpfen.

Je mehr die Religion das Konzept der Hölle verbreitete, desto mehr bekamen die Menschen Angst vor dem Tod. Frühere Kulturen hatten weit weniger Angst, da sie glaubten, zu den Göttern zu kommen. Speziell kriegerische Völker wie die Spartaner oder die Wikinger legten sogar großen Wert darauf, im Kampf zu sterben. Der Tod war für sie nur eine Weiterreise, was man beispielsweise auch zum Konzept der Wiedergeburt im Buddhismus sagen kann.

Der Gedanke an eine Hölle voll ewiger Qualen oder die spätere Idee der endlosen Leere, des Nichts, hat in den Menschen jedoch Angst vor dem Tod erweckt. Ungewissheit und Schmerz begleiten den Tod sehr oft und es gibt kaum jemanden, der das nicht fürchtet.

Das moderne Gesundheitssystem weiß um die Tatsache, dass wir kaum etwas so sehr fürchten und dass wir alle irgendwann krank werden. So entstanden pharmazeutische Unternehmen, die sich darauf spezialisierten, chemische Wege zu finden, den Körper zu heilen. Da Medikamente jedoch allesamt künstlich erschaffene chemische Verbindungen sind, kann der menschliche Körper sie nicht ganz so problemlos verarbeiten wie natürliche Stoffe. Daher haben die meisten Medikamente Nebenwirkungen und richten rational betrachtet oft mehr Schäden an, als dass sie helfen.

Zudem hat man sehr schnell gemerkt, dass ein Mensch, der krank ist und Schmerzen leidet, so gut wie alles tun würde, damit es aufhört. An diesem Punkt wuchs die Gier des Menschen sogar noch weit über jedes Moralverständnis hinaus. Medikamente wurden extrem überteuert, da selbst die wenigen Reichen, die es sich leisten konnten, immer noch mehr Profit einbrachten als tausend arme Menschen. Zusätzlich dazu fingen einige skrupellose Pharmaunternehmen damit an, künstliche Krankheiten in Laboren zu züchten. Sie waren in der Lage, eine Krankheit auf die Menschen loszulassen, um ihnen dann ein Heilmittel zu verkaufen.

Natürlich gibt es dafür kaum Beweise, aber bedenkt man die moralischen Abgründe mancher Menschen, die bereitwillig andere sterben lassen, weil sie nicht genug Geld oder keine Versicherung haben, ist dieser Schritt nicht mehr weit entfernt. Ich persönlich halte es für sehr wahrscheinlich, dass es so etwas gibt. Bewusst mutierte Viren und Bakterien sowie biologische Kampfstoffe gibt es nachweislich. Wer hat die wohl entwickelt?

Eine Spezies, die eine Bombe baut, die über Kilometer hinweg jegliches Leben auslöscht und das Gebiet für Jahrzehnte radioaktiv verstrahlt, entwickelt auch Krankheiten, um Geld zu verdienen. Das mag zynisch klingen, ist aber deswegen nicht weniger real.

Selbst wenn wir diesen Extremfall beiseitelassen, kann man immer wieder sehen, dass die Gesundheitsindustrie nur existiert, weil an kranken Menschen Geld zu verdienen ist. Privatisierte Krankenhäuser, Krankenversicherungen, die jedes Schlupfloch suchen, um nicht zahlen zu müssen. Es gibt zahlreiche Beispiele, an denen man erkennt, dass es meist nicht darum geht, zu heilen oder Leben zu retten.

Das beste Beispiel ist jedoch der Krebs. Bösartige Tumore sind seit langer Zeit ein Problem für die Menschheit. Seit dem Aufkommen chemischer Inhaltsstoffe in Nahrungsmitteln, deren Effekt auf den menschlichen Körper nicht getestet ist oder bewusst in Kauf genommen wird, bekommen immer mehr Menschen Krebs, inzwischen fast jeder Zweite. Sei es durch Strahlung, Nahrungsmittel oder Drogen, Krebs zählt zu den häufigsten Todesursachen auf der ganzen Welt. Und trotz aller Wissenschaftler und Forscher auf der Welt ist es bis heute noch keinem gelungen, eine medizinische Lösung zu finden? Das halte ich für unrealistisch.

Stattdessen pumpen sie den Patienten ganz bewusst Gift in den Körper und bestrahlen ihn, was das gesamte Immunsystem zerstört und jede Hoffnung darauf, den Tumor mit den Abwehrkräften des Körpers in Schach zu halten. Viele Krebspatienten leiden sehr lange und müssen eine endlose Parade von Krankenhausaufenthalten, Arztterminen und Behandlungen über sich ergehen lassen. Und jede einzelne davon bringt dem Krankenhaus und der Pharmaindustrie einen Haufen Geld ein. Wieso sollten sie ein Mittel erfinden, um Krebs auf einen Schlag zu heilen, wenn sie mit der aktuellen Methode so viel mehr verdienen können? Das klingt auch wieder sehr zynisch, macht es aber nicht weniger zutreffend.

Wart ihr schon einmal für ein paar Tage im Krankenhaus? Falls ja, erinnert ihr euch noch daran, was es dort zu Essen gab? Billiges Brot mit Wurst und Käse, ein bisschen Marmelade vielleicht und ein Klecks Butter. Mittags dann Eintöpfe oder das billigste Fertigessen, gegen das selbst Flugzeugkost wie ein Festmahl wirkt. Nichts davon ist auch nur im Entferntesten gesund oder enthält viele Vitamine und Nährstoffe. Würde man uns gesund machen wollen, würde man uns frisches Gemüse und viele Ballaststoffe geben, damit der Körper besser heilen kann. Aber auch hier ist Geld eben wichtiger als unser Leben.

Ärzte werden innerhalb dieses Systems ausgebildet. Sie lernen die Symptome und die Behandlungsmethoden, aber sie lernen auch die Medikamente, die sie verschreiben sollen. Ärzte werden ausgebildet, pharmazeutische Medikamente als einzige Heilungsoption zu akzeptieren und so viele körperliche Probleme wie möglich mit Operationen zu lösen. Sie werden so sehr mit Training, Arbeit und Stress zugeschüttet, dass sie fast schon automatisch funktionieren und keine Zeit mehr haben, sich die individuellen Krankengeschichten anzuschauen. Es geht nur noch um schnelle Abfertigung.

Das soll keineswegs eine Kritik an den Ärzten sein. Sie tun genau das, wofür sie ausgebildet wurden. Leider gehören dazu aber nicht mehr alle möglichen Wege. Man bringt ihnen bei, dass Homöopathie, Naturheilkunde und Geistheiler Unsinn sind, weil man den Effekt nicht so einfach messen kann. Tatsächlich ist das aber nur die Einstellung der Pharmaindustrie, die an derlei Mitteln und Praktiken kaum Geld verdienen kann.

Allein das Wort Naturheilkunde sagt bereits aus, dass es sich um natürliche Behandlungsmethoden handelt. Krankheiten und Verletzungen sind Anzeichen dafür, dass wir uns entgegen der Natur verhalten haben oder es sind natürliche Vorgänge, um unser Immunsystem zu stärken. Würden wir nie krank werden, könnte unser Körper auch nicht mehr dagegen ankämpfen, wenn es doch passiert. Viele Körperreaktionen wie Fieber oder Schleimbildung sind Abwehrmaßnahmen des Körpers, die die Heilung unterstützen. Nur im Notfall sollte man diese

Symptome bekämpfen, weil sie nützlich sind, auch wenn sie unangenehm sind.

Allein das Konzept von sogenannten Antidepressiva ist in vielen Fällen sehr fragwürdig. Wer glaubt, dass es eine langfristige Lösung ist, ein psychisches oder mentales Problem durch den Konsum chemischer Mittel zu unterdrücken, hat das Prinzip nicht verstanden. Psychische Probleme sind ein Anzeichen für ein unausgeglichenes Leben und die meisten davon können wesentlich effektiver durch Selbstreflexion und therapeutisches Fachwissen (durch eine Therapie oder Selbststudium) nachhaltig behandelt werden. Alles andere ist nur legaler Drogenkonsum, der zwar die Symptome abmildert, aber den Kern des Problems nicht beseitigt.

Genauso wie die Natur uns krank macht, kann die Natur auch sämtliche Krankheiten heilen. Die richtigen Pflanzen und Kräuter können diverse Reaktionen im Körper auslösen und die Selbstheilung unterstützen. Reflexion und mentale Übungen können unseren Geist fit halten und psychische Symptome verhindern. Auch sportliche Aktivität und bestimmte Übungen können durch Muskelwachstum und Dehnung Gelenkprobleme beheben, ohne eine Operation zu benötigen.

Außerdem gilt auch weiterhin, dass der Geist den Körper lenkt. Denken wir nur an das Karma. Wenn wir positiv denken, schüttet der Körper andere Hormone aus, als wenn wir negativ denken. Diese Hormone können die Heilung ebenso unterstützen oder behindern. Das ist keineswegs nur religiöser oder esoterischer Nonsens, wie manche behaupten. Es ist erwiesen, dass Emotionen wie Angst Stress für den Körper bedeuten und ihn anfälliger für Krankheiten machen. Je mehr man also in Angst lebt oder sich vor dem Tod fürchtet, desto schneller kann ein Krankheitsverlauf sein. Es geht dabei um Hormone und die körpereigene Selbstheilung, die wir durch unsere Emotionen beeinflussen können. Und da Emotionen sehr oft durch Annahmen und Gedanken ausgelöst werden, bedeutet das im Umkehrschluss, dass unser Denken unsere Gesundheit beeinflusst.

Als die alten Griechen die Götter um Hilfe anflehten, waren sie dabei dennoch sicherlich oft voller Angst und Unsicherheit, wie wir es heute noch immer sind. Jene, die sich der Hilfe der Götter sicher waren und keine Angst hatten, deren Chance auf eine Besserung war aufgrund ihrer Hormone wesentlich höher, jedoch genügt das natürlich nicht als Heilmittel für jede Krankheit. Es ging dabei nie um die Götter an sich, sondern um die innere Einstellung.

Natürlich wäre es schlecht für den Profit, wenn man uns sagen würde, dass das richtige Mindset und ein bisschen gesunde Ernährung ein Problem ebenso lösen können wie eine Reihe von Spritzen oder Antibiotika, die man bezahlen muss. Ich will damit nicht sagen, dass sich alle Krankheiten durch positives Denken heilen lassen, aber sehr viele Krankheiten würden einen weit weniger schlimmen Verlauf nehmen, wenn wir uns eine gesündere Herangehensweise angewöhnen und nicht einfach wortlos jede Pille schlucken, die man uns in die Hand drückt.

Durch diese Scheuklappen, die die Pharmaindustrie den Ärzten durch ihre Ausbildung aufsetzt, handeln viele von ihnen, bewusst oder unbewusst, entgegen dem hippokratischen Eid. Sie schaden den Menschen, anstatt sie zu heilen.

Einige Theorien, die ich für gar nicht so unwahrscheinlich halte, besagen, dass die Pharmaindustrie und die Nahrungsmittelindustrie zusammenarbeiten. Man weiß bereits, dass viele Stoffe, darunter besonders Zuckerersatzstoffe, krebserregendes Potenzial haben. Dennoch wird es verwendet. Dann entstehen Krebspatienten, an denen wiederum die Pharmaindustrie verdient. Es klingt für viele wie Verschwörung, ist aber schlicht und ergreifend kalkulierte Profitgier. Es erfordert nur sehr wenig Phantasie, diese Verbindungen herzustellen. Ob ihr das nun glauben wollt oder nicht, ist natürlich ganz allein eure Sache. Ich habe mir das Gesundheitssystem angeschaut und beobachtet, wie es funktioniert. Diese Schlussfolgerungen waren das Ergebnis.

Bevor ich diesen Bereich abschließe, wollte ich gern nochmal auf den Tod zu sprechen kommen. Wie ich sagte, ist der Mensch bereit, alles zu geben, um dem Tod zu entgehen. Viele wünschen sich, ewig zu leben. Tatsächlich ist jedoch unsere Spezies von der Natur nicht dafür gemacht, ewig zu leben. Selbst mit immer besserer Medizin und steigender Lebenserwartung kann man bereits optisch erkennen, dass Menschen ab einem gewissen Alter körperlich so stark abbauen, dass ein richtiges Leben kaum noch möglich ist.

Zudem kommt noch der geistige Verfall. Damit meine ich jetzt nicht einmal unbedingt mentale Krankheiten wie Alzheimer, sondern einen völlig gesunden Geist. Menschen im hohen Alter verspüren oft eine Art geistige Erschöpfung. Man hat weniger Antrieb, neue Dinge zu lernen oder sich den Entwicklungen der Gesellschaft zu öffnen. Irgendwann ist es uns einfach zu viel. Daran merkt man, dass unser Verstand nicht unbegrenzt aufnahmefähig ist.

Immer wieder gibt es alte Menschen, die bereit sind, zu sterben. Sie haben alles gesehen und erlebt, was sie wollten, sie vermissen ihre verstorbenen Partner, sie sind einsam und unglücklich oder sie sind krank und leiden. Es gibt viele Gründe. Es zeigt uns aber auf, dass unsere Angst vor dem Tod mit steigendem Alter durchaus abnehmen kann.

Leider können Angehörige oft nicht loslassen und halten ihre Eltern und Großeltern trotz Schmerz und Leid am Leben, anstatt ihnen den Sterbewunsch zu erfüllen. In diesem Moment erkennen viele den Egoismus dieser Entscheidung nicht, denn es ist natürlich und menschlich, dass das Leben ein Ende hat. Wäre das nicht so, könnte unser Planet nicht überleben, da die Ressourcen begrenzt sind und auch irgendwann der Platz ausgeht.

Je mehr man sich mit dem Konzept des Todes beschäftigt, desto weniger Furcht muss man haben. Wenn es euch hilft, könnt ihr euch bewusst dafür entscheiden, an das Konzept einer Weiterreise zu glauben. Glaubt an Walhalla, an Elysia, den Himmel oder die Wiedergeburt. Niemand kennt die Wahrheit über den Tod, also könnt ihr euch eine aussuchen, mit der ihr leben könnt. Doch blanke Angst vor dem Ungewissen führt nur dazu, dass andere diese Angst ausnutzen, um Profit daraus zu schlagen.

Jetzt haben wir uns die vier Säulen des Systems angeschaut, die zusammenspielen und uns gefangenhalten. Betrachtet man das alles rational, sind wir als Menschen in der heutigen Zeit kaum mehr wert als es der Pöbel im Mittelalter für die Könige war. Wir sind nützlich, aber unbedeutend – zumindest betrachten uns die Mächtigen so.

Es gibt ein sehr treffendes Beispiel aus Deutschland. Bereits kurz nach der Geburt eines Kindes erhält es einen Brief der Bundesregierung. In diesem Dokument wird den Eltern mitgeteilt, welche Steuernummer der Säugling von diesem Zeitpunkt an hat. Aus Sicht des Staates gibt es nichts, was so bedeutend ist, als einem neuen Menschen eine Nummer zu geben. Denn genau das sind wir für die Machthaber, bloße Nummern. Alles in der Welt dreht sich um Zahlen, um Mathematik. Mathematik ist die wohl bekannteste Form der Logik und Logik ist das Gegenteil von Emotionen. Wer also die heutige Welt in ihrer realen Form erkennen und verstehen will, muss sie nach den Maßstäben der Logik beurteilen.

Immer wieder höre ich von anderen Menschen, dass irgendetwas in ihrem Leben unfair verlaufen ist. Sie sind von Nachrichten über Todesopfer, Kriege oder Verbrechen geschockt und reagieren emotional darauf. Doch weder die Welt noch die Natur sind emotional, sie sind effizient und logisch. Einzelne Menschen handeln emotional, aber das System ist ein Konstrukt basierend auf kalter Logik. Genau deshalb funktioniert es so gut. Weil Menschen mit ihren emotionalen Ansichten und ihrer Moral sich nicht vorstellen können, wie etwas so gnadenlos Logisches und Gefühlloses existieren kann. Also glauben sie nicht daran, was jenen, die das System verstehen und damit spielen, im Grunde absolute Freiheit verleiht.

Ich hatte zu Anfang des Kapitels erwähnt, dass man die Bevölkerung zu Musterbürgern erzieht, die nach den Regeln des Systems, der Gesellschaft funktionieren. Aber was genau bedeutet das?

Es bedeutet ganz einfach, dass wir alle nach denselben Grundwerten erzogen wurden. Wir kommen in die Schule, wo man uns lehrt, dass jene, die einen eigenen Kopf, also einen freien Willen haben, schlecht sind und es im Leben schwer haben werden. Wir lernen, dass regelkonformes Verhalten belohnt wird und Widerworte zu Bestrafung führen. Je älter wir werden, desto mehr werden wir in den Teufelskreis des Geldes und Konsums hineingezogen. Wir richten unser Leben danach aus, einen Beruf zu erlernen und auszuüben, der uns maximale finanzielle Einkünfte verspricht. Dabei ignorieren wir oft die Frage, ob dieser Weg uns glücklich machen wird.

Den meisten Menschen wurde von Kindesbeinen an beigebracht, dass Heirat und eigene Kinder ein fixes Ziel im Leben jeder Person zu sein haben. Beides ist so fest in den Gehirnen der Leute verankert und es ist so selbstverständlich, dass viele nicht einmal auf die Idee kommen, dass es auch andere Wege gibt und dass nicht jeder Mensch darin sein Glück sieht. Es geht nur darum, neue Menschen in das System zu bringen. Sobald man dann Kinder hat, gibt man die Werte an sie weiter, die man selbst im Laufe seines Lebens verinnerlicht hat. Man vergisst die eigene Persönlichkeit, die einst durch Disziplin verdrängt wurde, und unterstützt damit unwissentlich die Umerziehung der nächsten Generation zum selben Gehorsam. Man strebt nach mehr Geld, konsumiert Werbung und Produkte und strebt nach immer mehr, weil nichts davon auf Dauer glücklich macht.

Wir ernähren uns von ungesunden Dingen, die uns krank machen und leiden dann, damit das Gesundheitssystem an uns verdienen kann. Sobald wir dann zu alt sind, um noch zu arbeiten und unser verdientes Geld an den Staat und die Wirtschaft abzugeben, dürfen wir noch etwas länger leiden und dann sterben, möglichst ohne die Regierung vorher noch viel Geld zu kosten.

Wer diese Kriterien erfüllt, ist in den Augen des Systems ein Musterbürger. Er stellt keine Fragen, folgt seiner Programmierung und dient diesem Kreislauf des Arbeitens und Sterbens ohne Murren. Man kann es mit der Figur des Bauern auf einem Schachbrett vergleichen. Ohne uns funktioniert das Spiel nicht, aber wir können bedenkenlos geopfert werden, weil es so viele von uns gibt.

Wow, Kevin, das war jetzt ziemlich finster. Also willst du sagen, dass wir in der Matrix leben? Trägst du zufällig einen Aluhut?

Mal ganz nebenbei bemerkt: Aluminium hilft gegen Gedankenkontrolle gar nichts. Wenn ihr bis hierher gelesen habt, wisst ihr, dass Gedankenkontrolle kein Strahl ist, der auf unsere Köpfe gerichtet ist. Es ist eine hochkomplexe Kombination aus Beeinflussung, Erziehung und das Ausnutzen von Angst. Wenn man versteht, wie das menschliche Gehirn arbeitet, kann man es durch gezielte Reize ganz leicht in jede beliebige Richtung lenken. Das, was man als Gedankenkontrolle bezeichnet, ist im Grunde nichts anderes als die gezielte Streuung oder Einbehaltung von Informationen. Dazu kommen wir gleich noch.

Zuerst will ich euch aber noch Folgendes bewusst machen: Es mag euch sehr negativ vorgekommen sein, wie ich das System beschreibe. Meine ganz persönliche Meinung dazu kann man durchaus als zynisch bezeichnen. Allerdings halte ich das System aus rationaler Sicht für ein geniales Konstrukt. Es sollte ursprünglich in seinen Bestandteilen dazu dienen, das gemeinsame Zusammenleben der Menschen zu strukturieren und zu regeln, was ja an sich nichts Schlechtes ist. Auch hier gilt wieder die rationale Prämisse, dass es weder gut noch schlecht gibt. Es kommt immer darauf an, wie es benutzt wird. Während das System für die Mächtigen hinter den Kulissen sehr zielführend als Werkzeug eingesetzt wird, ist es für normale Bürger ein Hamsterrad, ein Teufelskreis ohne Ausweg, der jegliche Chance auf unseren Sinn des Lebens auf ein Minimum beschränkt.

Und bevor ihr jetzt wieder an Verschwörungen denkt - das meine ich damit gar nicht. Wenn ich von den *Mächtigen* spreche, habe ich dabei nicht unbedingt zwölf alte Leute an einem runden Tisch im Hinterzimmer einer Zigarrenbar im Kopf. Das ist eine veraltete Sichtweise, die bewusst gern verwendet wird, um den Gedanken lächerlich erscheinen zu lassen. Tatsächlich haben es die wahren Lenker und Entscheider auf dieser Welt gar nicht nötig, heimlich zu agieren oder sich zu verstecken.

Die Existenz des Systems erlaubt es ihnen, in aller Öffentlichkeit zu agieren und ihre Handlungen hinter Gesetzen, Unternehmen und Öffentlichkeitsarbeit zu verschleiern. Das System als solches ist im Laufe der Zeit so riesig und so unfassbar komplex geworden, dass es kaum zu durchschauen ist. Und je komplexer ein System ist, desto einfacher kann man es missbrauchen und ausnutzen, ohne aufzufallen. In der heutigen Zeit bedeutet Unsichtbarkeit nichts anderes als ein geschicktes Agieren innerhalb des bestehenden Systems. Mit genügend Einfluss, Beziehungen und Geld kann man jedes Ziel erreichen. Die fähigsten Spieler sind so gut, dass sie das System benutzen, um selbst außerhalb davon zu leben.

Dieser Abschnitt kann zugegebenermaßen auf jemanden, der nicht das ganze Buch bis hierher gelesen hat, wie das irre Gerede eines Paranoiden wirken. Ich persönlich bin jedoch keineswegs paranoid, fanatisch oder etwas Ähnliches. Es ist nicht meine Absicht, euch mit meinen Gedanken und Beobachtungen zu verunsichern, zu bekehren oder gar aufzuhetzen. Ich möchte lediglich, dass ihr im Anschluss an dieses Buch einmal wirklich unvoreingenommen darüber nachdenkt, wie eure

Ansichten zur Welt aussehen, und ob ihr sie plausibel begründen könnt und woher sie stammen. Wie ich bereits sagte, kennt niemand die Wahrheit ganz genau, doch je mehr kontroverse Meinungen man hört, desto einfacher fällt es, die eigenen Ansichten regelmäßig zu prüfen.

13

Waffen der Moderne

Ich habe es bereits mehrfach angerissen, aber dennoch würde ich gern darüber sprechen, welche Waffen in der heutigen Zeit eingesetzt werden, um uns zu beeinflussen. Während noch bis ins letzte Jahrhundert physische Waffen das Mittel der Wahl waren, dienen sie in der heutigen, modernen Zeit meist eher als Mittel der Drohung.

Schusswaffen, Panzer, Helikopter, Kampfjets und Kriegsschiffe sind zwar noch immer existent, doch damit lassen sich nur kleinere Konflikte lösen. Man kann damit Aufstände beenden, Länder gewaltsam betreten und einzelne Individuen töten oder verletzen. Seit mehreren Jahrzehnten drohen sich Länder allerdings nicht mehr mit Flotten oder Armeen, sondern mit Atomwaffen. Jedes Land der Welt besitzt, offiziell oder nicht, nukleare Waffen.

Ich unterstelle den Regierenden der Welt jetzt einfach mal, dass es nicht in ihrem generellen Interesse liegt, einen Atomkrieg auszulösen, der die gesamte Welt vernichtet. Die ernsthafte Bereitschaft, eine derartige Kettenreaktion zu starten, die unweigerlich auch das eigene Land vernichtet und für die wenigen Überlebenden, sofern es denn welche gibt, nur verstrahltes Ödland zurückzulassen, würde ein extremes Maß an Dummheit voraussetzen. Der Selbsterhaltungstrieb dürfte bei einem Großteil der Regenten dafür sorgen, diese Option als wenig sinnvoll zu begreifen. Natürlich mag es auch Kleingeister geben, die aufgrund von Stolz oder kopflosem Zorn trotzdem so handeln würden.

Dennoch ist der Besitz von Atomwaffen heutzutage hauptsächlich ein Dominanzverhalten und eine stille Drohung, um nicht als schwach zu gelten und ein krankes Gleichgewicht zu wahren.

Das gilt jedoch nur für ganze Nationen untereinander. Aber auch wenn die Regierungen es nie offen zugeben würden oder es zum Teil vergessen haben, das Volk hat noch immer das Potenzial, jede Regierung zu stürzen. Unsere Masse verleiht uns mehr Macht, als jeder Konzern oder Politiker, selbst ein Militär aufbringen können. Aus diesem Grund fürchten sie uns. Es ist auch der einzige Grund, weshalb sie die Fassade der Demokratie nach außen hin aufrechterhalten und Wahlen veranstalten. Es soll uns das Gefühl geben, wir hätten ein Mitspracherecht.

Bedenkt man aber die Auswahl an Parteien, deren Korruption beinahe so unausgesprochen bekannt ist wie die der christlichen Kirche in den vergangenen Jahrhunderten, ist diese Wahl mehr als absurd.

Wie schaffen es also die Regierungen in aller Welt, das Volk ruhig und unwissend zu halten? Sie erreichen es durch den gezielten Einsatz der Medien. Das Schlagwort lautet *Meinungsmache*.

Einige Medien gehören dem Staat. Sie werden dafür gepriesen, neutral und unparteiisch zu berichten. Allerdings *gehören* sie dem Staat und werden daher genau das berichten, was die Regierung will, das sie berichten. Auch freie Medien, die sich über Werbung und andere Methoden finanzieren müssen, sind meist nicht neutral, weil sie auf hohe Absätze und Klicks angewiesen sind. Sie bereiten die Nachrichten daher so auf, dass möglichst viele Menschen sie lesen. Das klappt am besten mit Skandalen und aufsehenerregenden Bildern und Texten – dem genauen Gegenteil rationaler, objektiver Berichterstattung. Kleinere, unabhängige Nachrichtenquellen wie Blogger, Youtuber oder andere

Quellen auf diversen Kanälen sind da meist wesentlich freier. Allerdings sind viele von ihnen auch auf Geld angewiesen und manche berichten für Geld alles, was gewünscht wird. Das ist jedoch seltener als bei den großen Medienträgern.

Toll, also sagst du, man kann eigentlich keiner Nachrichtenquelle vertrauen und sie lügen alle?

Ganz so schlimm ist es nicht. Ich bezweifle nicht, dass viele Journalisten Ideale haben und durchaus versuchen, die Tatsachen und Fakten zu verbreiten. Die größten und mächtigsten Mainstream-Medien haben jedoch das größte Publikum. Und wie wir im Abschnitt über den Glauben bereits festgestellt haben, nutzen alle Fakten der Welt nichts, wenn die Menschen bereits von den großen Medien beeinflusst wurden, an etwas anderes zu glauben.

Da man nie wissen kann, wer nun wirklich Fakten präsentiert und wer nur gezielte Halbwahrheiten und Falschinterpretationen verbreitet, um die Meinung der Massen zu beeinflussen, was kann man tun? Wie so oft, liegt die Antwort meist in der Mitte. In diesem Fall bedeutet das, man sollte verschiedene Medien betrachten, insbesondere wenn sich diese widersprechen. Bei vielen Themen ist es nicht weiter tragisch, wenn man sich nicht zu allem eine eigene Meinung bildet. Im Falle größerer Themen oder deutlicher Widersprüche verschiedener Medienquellen bietet es sich jedoch an, sich alle Seiten anzuhören, einige Fakten selbst zu überprüfen und erst dann zu entscheiden, was man für wahr halten möchte.

In der Regel gilt: Wenn die Medien etwas auf emotionale Weise verkaufen, etwas mit emotionalen Schlagworten wie *schrecklich, unfassbar* oder Ähnlichem beschreiben, oder wenn man in einem Bericht ganz deutlich einen positiven oder negativen Unterton bemerkt, handelt es sich ziemlich sicher um gezielte Beeinflussung. Besonders in Deutschland kann man Beeinflussung auch durch Schlagworte wie *Verschwörung, Nazi, Faschismus* und sogar mit *rechts* oder *links* erkennen. Das sind alles Begriffe, die man über lange Jahre mit negativen oder lächerlichen Dingen assoziiert hat, sodass die Menschen automatisch diesen Eindruck bekommen und sogar beinahe automatisch mit Hass oder Spott reagieren. Medien sollten zu jeder Zeit neutral und objektiv sein und dabei keinerlei Absichten verfolgen. Wenn ein Medium, besonders ein staatlich gefördertes oder großes, privates Medium Berichte veröffentlicht, die gezielt Personen oder Dinge in einem guten oder schlechten Licht darstellen oder die Menschen zu einem Verhalten aufrufen, sollte man sehr vorsichtig sein.

Es hat meist einen Grund, weshalb man uns in eine Richtung lenken will, anstatt uns objektive Fakten zu geben. Diese Form der Beeinflussung ist Meinungsmache. Gezielte Nachrichten, die die Meinung der Menschen formt, die zu einem Thema noch keine Meinung haben. So kann eine Regierung sicherstellen, dass die Menschen entsprechend dieser Meinung denken und handeln und oft auch jene mit anderer Meinung als dumm bezeichnen, da die *richtige* Meinung schließlich überall verbreitet wird. Doch wir dürfen nicht vergessen, dass es keine Wahrheit gibt und auch kein richtig oder falsch.

Zusätzlich dazu gibt es noch die sozialen Medien, auf denen ein großer Teil der Bevölkerung täglich unterwegs ist. Dort sind auch die meisten anderen Medien vertreten, die sie als zusätzliche Kanäle für die

Verbreitung ihrer Meinungsmache nutzen. Auch viele freie Journalisten, Blogger und Influencer sind dort zuhause und versorgen die Menschen mit Informationen.

Allerdings erfordert ein Beitrag in den sozialen Medien keine Fakten, keine Nachweise und auch keine Wertungsfreiheit. Jeder mit einer Internetverbindung kann dort alles posten, was er oder sie möchte. Der Wahrheitsgehalt in den sozialen Medien ist noch wesentlich variabler, weil dort jedem Menschen eine Stimme gegeben wird. Und solange ein Beitrag dort plausibel genug klingt, nehmen ihn viele von uns als wahr hin, obwohl er womöglich keinerlei sinnvolle Grundlage hat. Da unser Gehirn den Unterschied nicht erkennt und alles gleichermaßen abspeichert, ist das extrem gefährlich. So kann man effektiv Hass, Unfrieden und Meinungen verbreiten, allerdings kann man dort ebenso gut objektive Beobachtungen verbreiten.

Auch dort ist es also enorm wichtig, die Inhalte nicht einfach zu glauben, sondern eine eigene, fundierte Meinung zu bilden und diese Informationen damit abzugleichen.

Zudem haben die Anbieter der sozialen Medien sogenannte Inhaltskuratoren. Sie können nach Belieben Inhalte und Beiträge verbergen, ablehnen oder hervorheben, um ihre eigenen Ziele zu verfolgen - ganz so, wie es die Regierung mit den klassischen Medien tut. Es gab bereits Länder, in denen Unternehmen wie Facebook durch gezielte Inhaltsfilter Konflikte und Gewalt verstärkt haben. Daran erkennt man die große Macht dieser Konzerne, die von niemandem auf der Welt reguliert werden und völlig nach eigenem Ermessen handeln dürfen. Es wäre naiv, anzunehmen, dass ein Konzern, dessen Existenzgrundlage der Profit ist, zum Wohle der Menschen agiert.

In der heutigen Zeit ist die permanente Verfügbarkeit von Informationen ein zweischneidiges Schwert. Man kann zu jeder Zeit und an fast jedem Ort auf das gesamte Wissen des Internets zugreifen. Dort gibt es jedoch, wie auch in den sozialen Medien, für jeden einen Platz und eine Stimme. Dort finden sich unbegrenzt objektive und fundierte Berichte und Meinungen, ebenso wie ein riesiger Haufen parteiischer, hasserfüllter oder vollkommen unsinniger Inhalte. Es erfordert einige Erfahrung und eine gefestigte Grundlage rationalen Denkens, um den Unterschied zu erkennen und sich nicht von jeder Information da draußen beeinflussen zu lassen.

Insgesamt kann man sagen, dass, wer auch immer die Informationskanäle und Medien kontrolliert, die Meinung und das Verhalten der Menschheit kontrolliert. Es ist die mächtigste Waffe moderner Regierungen, das eigene Volk im Zaum zu halten und dessen Entwicklung zu steuern. Ich persönlich lasse mich nicht gern wie einen Roboter behandeln, den man nach Belieben umprogrammieren kann. Daher ignoriere ich die meisten Medien und bilde mir zu wichtigen Themen lieber selbst eine Meinung, indem ich recherchiere und die gängigsten Meinungen abgleiche, um daraus meine ganz persönliche Wahrheit zu definieren.

Die Medien sind die eine Seite der Medaille, aber es gibt auch noch eine andere Seite. Trotz aller Findigkeit, Einfallsreichtum und Rhetorik gibt es dennoch viele Dinge, die eine Regierung nicht im System tarnen oder glaubhaft erklären kann. In diesem Fall arbeiten sie mit Vertuschung und Geheimhaltung.

Es beginnt mit dem, was viele Menschen heutzutage fürchten: Überwachung. Sei es durch Kameras, Polizisten, Satelliten oder Spionageprogramme im Internet und auf Computern, die Regierungen aller Welt sammeln kontinuierlich Daten über jeden einzelnen Menschen. Das ist keine Verschwörungstheorie, sondern schon lange bekannt. Auch hier wird stets mit dem Schlagwort *Sicherheit* jeglicher Widerspruch im Keim erstickt.

Für gewöhnlich werden Kameraaufnahmen und digitale Überwachungsdaten entweder nach einer gewissen Zeitspanne automatisch gelöscht, oder sie werden von intelligenten Algorithmen durchforstet und nur im Falle bestimmter Schlüsselwörter oder Verhaltensmuster hervorgehoben. Entgegen den Befürchtungen einiger Datenschützer interessieren sich Geheimdienste keineswegs für unsere geheimen Vorlieben, solange sie nicht potenziell anderen Menschen schaden.

Sollten wir jedoch negativ auffallen oder eine Regierung zu laut und heftig kritisieren, insbesondere Menschen mit mehr Einfluss auf die Meinung des Volkes, können diese Geheimdienste sehr schnell auf all unsere Daten, Konten und unser Leben zugreifen und damit nach Belieben verfahren. Sie haben auch aufgrund ihres Status und ihrer Ressourcen weitreichende Befugnisse, die sogar viele Unternehmen einschließen. So ist es möglich, Bankkonten einzufrieren, Konten auf sozialen Medien zu sperren oder bestimmte Videos oder Beiträge entfernen zu lassen. Mit wenig Aufwand können sie das Leben eines Menschen nachhaltig zerstören – oder besser gesagt, sie können den erarbeiteten Status innerhalb des Systems zerstören.

Die Regierungen, insbesondere in der EU, fürchten die Tragweite der Überwachung durch die USA und der Konzerne, die unsere Daten sammeln und weiterverkaufen. Ich persönlich habe jahrelang mit Google, Facebook und ähnlichen Anbietern gearbeitet und weiß, dass die meisten Unternehmen, die solche Datensätze kaufen, diese dazu benutzen, um potenzielle Kunden zu finden und ihr Marketing zu verbessern. Dadurch entsteht kein wirklicher Schaden.

Wir werden also ständig mit mehr Datenschutzauflagen konfrontiert und müssen auf jeder neuen Webseite dieselbe Cookie-Notiz wegklicken, weil man so sehr den Missbrauch unserer Daten fürchtet. Wer sich allerdings etwas mit Daten auskennt, weiß, dass ein großer Teil der Daten, die gesammelt werden, nur deshalb gesammelt werden, weil wir sie freiwillig angeben. Allein wer soziale Medien nutzt und dort Bilder oder Standorte teilt, kann und wird sich kaum darüber beschweren, dass man sein Leben nachverfolgen kann. Andere Daten wie IP-Adressen und Nutzerverhalten lassen sich bei Bedarf verbergen oder auf ein Minimum beschränken, wenn man denn Wert darauf legt.

Allerdings glaube ich für keinen Moment, dass ein Geheimdienst eines beliebigen Landes nicht zu jeder Zeit auf all diese Daten Zugriff bekommt. Mit ausgebildeten Hackern und der Autorität einer Regierung hat das Wort *Datenschutz* für sie ohnehin keinerlei Relevanz. Die Personen, die uns tatsächlich überwachen oder die unmoralische Absichten verfolgen, kann man mit diesen Schutzmaßnahmen nicht aufhalten. Ich persönlich habe den Eindruck, dass man das Datenschutzthema aus zwei ganz anderen Gründen so groß aufgeblasen hat.

Zum Einen kann man durch die zum Teil kaum erfüllbaren Auflagen wunderbar Strafen verhängen und damit Profit machen. Es gibt ganze Anwaltskanzleien, die nichts anderes tun, als Unternehmen und Privatpersonen wegen solcher formalen Verstöße zu verklagen. Ein Paradebeispiel für Habgier ohne jeden moralischen Kompass. Der andere Grund ist, dass man den Menschen durch diesen krassen Datenschutz ein

Gefühl der Sicherheit geben will, obwohl es effektiv keinen Schutz vor Datenraub oder Datenmissbrauch bietet. Schließlich ist es die Grundlage jeder kriminellen Handlung, dass man Gesetze und Regeln ignoriert. Gute Hacker brauchen keine Daten von Unternehmen, um unsere Leben zu durchleuchten. Wer etwas über uns herausfinden will, der wird es in der heutigen technologiebasierten Gesellschaft auch schaffen.

Na Klasse, Kevin! Also müssen wir jeden Tag damit rechnen, dass man uns ausspioniert und hackt?

Ganz ruhig. In der heutigen Zeit halten sich sehr viele Menschen für interessanter und wichtiger, als sie es in Wirklichkeit sind. Das soll keine Beleidigung sein, sondern es ist eine rationale Tatsache. Und diese Tatsache ist hier unser Vorteil und unser Schutzschild. Solange man nicht durch sein Verhalten massiv auffällt, ist man nur ein Teil der Masse und kaum jemand wird sich unserer Existenz bewusst. Wenn wir keine kriminellen oder staatsfeindlichen Absichten haben oder mit Geld um uns werfen, wird kaum ein Hacker oder Geheimdienst sich für uns interessieren.

Es ist jedoch rational gesehen möglich, zu jeder Zeit gehackt zu werden. Davor kann euch kein Datenschutz retten. Und dabei geht es nicht nur um Smartphones oder Computer. Jedes elektronische Gerät kann nachverfolgt werden, jede Sicherheitskamera, jedes Foto eines Passanten, selbst Satellitenaufnahmen können genutzt werden, um uns zu finden oder zu beobachten. Bei 99,9% aller Menschen wird diesen Aufwand niemand betreiben, aber technisch ist es möglich. Damit will ich aber keine Paranoia bei euch erzeugen, sondern euch einfach nur bewusst machen, dass ihr darüber nachdenken solltet, was ihr tut.

Jede Kleinigkeit, vom Strafzettel über Raubkopien oder Ladendiebstahl können nachverfolgt werden. Im Normalfall interessieren solche Kleinigkeiten niemanden, aber sie alle können im Nachhinein nachverfolgt werden. Aber auch hier gilt wieder die Devise, dass wir den Vorteil haben, in der Masse unterzugehen.

Also: Solange ihr keine Terroranschläge plant oder euch dem organisierten Verbrechen anschließen möchtet, müsst ihr nicht in Angst vor Überwachung leben. Die meisten Kleinigkeiten sind für die Personen mit der Macht, uns zu durchleuchten, nicht interessant.

Schauen wir uns das Konzept der Geheimdienste doch noch etwas genauer an. Im Grunde dienen sie dazu, für die Sicherheit eines Landes und seiner Bewohner zu sorgen. Sie bekommen Sonderbefugnisse, um Bedrohungen ohne Rücksicht auf den langsamen Verwaltungsapparat oder rechtliche Hürden aufspüren und aufhalten zu können. Dabei sollte die Geheimhaltung hauptsächlich verhindern, dass die Bevölkerung in Panik gerät. Viele sehr gefährliche Menschen und auch viele mögliche Gefahren befinden sich jeden Tag unter uns und Panik würde das Risiko einer Eskalation unnötig steigern. Also agieren Geheimdienste unauffällig, damit wir anderen davon gar nichts mitbekommen und ruhig weiterleben können.

Allerdings wurde das Konzept der Geheimhaltung mit der Zeit immer weiter ausgedehnt, da es einen für Regierungen einzigartigen Vorteil bietet. Sie können ihre Interessen mit allen nötigen Mitteln durchsetzen, ohne sich dafür rechtfertigen zu müssen. Es gibt kein besseres Beispiel als die USA mit ihren zahllosen Geheimdiensten für diverse Aufgabengebiete. Sei es FBI, CIA, NSA oder ein anderes Kürzel, sie alle haben unzählige Geheimnisse, selbst voreinander und vor der Regierung.

Natürlich gibt es einen Haufen Filme und Bücher mit dem Agententhema, aber diese funktionieren nur deshalb so gut, weil sie glaubwürdig und plausibel sind. Natürlich ist der leitende Posten eines Geheimdienstes eine sehr verlockende Gelegenheit, eigene Interessen zu verfolgen. Unter dem Deckmantel der Sicherheit können diese Gruppen frei von Moral, Gesetz oder Kontrolle absolut frei agieren. Zudem sind sie ein deutliches Zeichen der Habgier, Machtgier und der Angst, da viele Geheimdienste andere Nationen ausspionieren. Es herrscht so viel Misstrauen und Furcht in Regierungskreisen, dass man sich vor der Kamera die Hand schüttelt, aber im Schatten die Geheimnisse des anderen stiehlt.

Ich verstehe die Idee des Geheimnisses durchaus. Es gibt uns ein Gefühl der Sicherheit, wenn niemand sonst etwas über uns weiß. Wir vermeiden auf diese Weise, verurteilt und bewertet zu werden, oder wir schützen damit unseren Besitz oder uns wichtige Personen. Regierungen, insbesondere in Demokratien, haben jedoch die Aufgabe, im Auftrag des Volkes zu handeln. Das ist kaum nachvollziehbar, wenn sie so viel geheim halten.

Meine persönliche Meinung dazu: Wenn eine Regierung Geheimnisse vor seinem Volk hat, ist das ein klares Anzeichen dafür, dass sie Dinge tun, von denen sie genau wissen, dass sie falsch sind oder wir sie nicht billigen würden. Geheimnisse sind ein Zeichen dafür, dass eine Regierung nicht in unserem Interesse handelt.

Betrachten wir doch unsere eigenen Leben oder so ziemlich jeden Film. Geheimnisse führen zu Lügen, Lügen führen zu Konflikten und

Konflikte eskalieren. Es entstehen Schäden, die man mit der Wahrheit und einer guten, nachvollziehbaren Erklärung hätte vermeiden können. Ich denke, dass Geheimdienste im Namen der Sicherheit oft Dinge tun, die moralisch verwerflich sind. Wenn man sich aber beliebige Spionagefilme anschaut, stellt man häufiger fest, dass man diese Handlungen im Falle einer akuten Bedrohung vieler Leben nachvollziehen kann. Es sollte überlegt werden, ob wir nicht unsere Definition von Moral etwas erweitern sollten. Dann wären viele der Geheimnisse nicht mehr nötig.

Unser heutiges System und die Regierung haben sich historisch so entwickelt, wie sie heute sind. Das kann man kaum als positiv oder negativ bewerten, weil es ganz einfach über die Zeit so geworden ist. Allerdings sollten wir basierend auf unseren Zielen hinterfragen, ob es in der heutigen Form noch sinnvoll ist oder nicht.

Betrachten wir doch einmal die Situation der Menschen in Deutschland. Wir haben ein Land, in dem die Menschen beinahe 50% ihres Lohns oder Gehalts an den Staat abgeben müssen. Von dem, was dann noch übrig bleibt, müssen wir für jede einzelne Geldbewegung weitere Abgaben entrichten. Sei es die Mehrwertsteuer, Steuern auf Aktiengeschäfte, Steuern auf den Besitz eines Grundstücks – jede Aktivität wird besteuert, sodass wir im Grunde fast 75% unseres Geldes auf irgendeinem Wege dem Staat geben. Damit ist Deutschland hinter Belgien auf Platz 2 der Länder mit den höchsten Steuern und Sozialabgaben auf der ganzen Welt.

Man sagt, dass nur etwa ein Fünftel der deutschen Bevölkerung arbeitstätig ist und mit seinen Steuerzahlungen den Rest der Menschen finanziert. Kinder, Rentner, Arbeitslose, Beamte, Lehrer, Politiker, das sind alles Personen, deren Leben von den Steuern getragen wird. So tugendhaft ein Sozialstaat auch sein mag, er ist auf Dauer nur für die sozial Schwachen von Vorteil, denn die anderen arbeiten sich kaputt und müssen die Früchte an die abgeben, die das nicht tun können oder wollen. Zeitgleich sinken die Renten immer weiter und die Verschuldung des Landes nimmt auch nicht spürbar ab. Immer mehr Menschen sind in dem Hamsterrad aus Arbeit und Steuern unglücklich. Das alles sollte doch ein Warnsignal sein, dass das aktuelle System so nicht funktionieren kann.

Deshalb gibt es seit Jahren immer wieder das aufflammende Thema des bedingungslosen Grundeinkommens. Dieses Konzept besagt, dass jeder Bürger eines Landes monatlich einen festen Geldbetrag erhält, um seine Lebenskosten zu decken. Bereits an dieser Stelle ertönen haufenweise Gegenstimmen. Die lautesten Meinungen sind:

Ich will doch nicht mit meinen Steuergeldern die Faulheit anderer finanzieren! Nichts für ungut, aber du finanzierst bereits heute eine Menge Arbeitslose, die sich darauf ausruhen. Ein Grundeinkommen wäre endlich ein Weg, wie du zur Abwechslung auch einmal selbst etwas davon hättest.

Der Verwaltungsaufwand für so etwas wäre riesig! Riesiger als der Verwaltungsaufwand der Arbeitsämter und diverser anderer Ämter, die sich heute mit der Geldverteilung an alle Menschen ohne Berufstätigkeit, darunter Kindergeld, Renten und Arbeitslosengeld befassen müssen? All diese Ämter und Beamten bräuchte man dann nicht mehr und könnte sie stattdessen dafür einsetzen, wobei man trotzdem eine Menge Verwaltungsaufwand einsparen könnte.

Okay, aber dann wären ja eine Menge Beamter arbeitslos! Sie alle würden ja dann das Grundeinkommen beziehen und müssten sich keine Sorgen um die Lebenserhaltung machen, außerdem könnten sie sich die langen Stunden im Büro mit tausenden Formularen ersparen.

Wenn niemand mehr für sein Geld arbeiten muss, dann macht ja keiner mehr was und die Wirtschaft kollabiert!

Aber wäre das wirklich so? Mit einem potenziellen Grundeinkommen von z.B. 1.200€ im Monat können die meisten Leute ihre Konsumwünsche nicht befriedigen. Sie können die Miete zahlen und sie können Lebensmittel kaufen, aber nicht viel mehr. Alles, was sie darüber hinaus brauchen oder wollen, erfordert mehr Geld. Ich behaupte jetzt einfach mal ganz frech, dass ein Großteil der Menschen trotz Grundeinkommen einfach weiterarbeiten würde. Viele haben sich ihre Positionen hart erarbeitet und würden sie nicht einfach aufgeben.

Allerdings hätte das Grundeinkommen zur Folge, dass Menschen, die ihren Job nur wegen des Geldes behalten und ihn eigentlich hassen, kündigen werden. Das bedeutet, dass Unternehmen und auch der Staat gezwungen wären, Tätigkeiten wie Reinigung, Altenpflege, harte, körperliche Arbeiten und das Handwerk besser zu bezahlen, um für Arbeitnehmer attraktiv zu sein. Dadurch würde die Wertschätzung der Menschen in diesen Berufen ansteigen, was dringend nötig ist.

Eine weitere Veränderung wäre, dass viele Menschen ohne Angst herausfinden könnten, was sie glücklich macht. Freie und künstlerische Berufe, die ansonsten stets riskant waren, könnten nun mit Hingabe verfolgt werden und damit die Kultur des Landes wieder anfachen. Jeder könnte sich die Tätigkeit suchen, die ihm oder ihr Freude macht und damit automatisch sehr viel bessere Qualität abliefern. Jeder Mensch hat andere Interessen und bei der Menge an Menschen in der Bevölkerung wird sich für so ziemlich jeden Berufszweig jemand finden, der es gern tut.

Es gibt Menschen, die gern Abflüsse legen und Rohre reparieren. Es gibt Menschen, die Freude daran haben, Dinge zu reinigen, sich um andere Menschen oder Kranke zu kümmern oder Autos zu reparieren. Ich halte es für sehr unwahrscheinlich, dass dadurch Berufe aussterben würden. Und für all die Jobs, die wirklich niemand freiwillig machen würde, müssen dann eben starke Anreize geschaffen werden.

Ganz egal wie die einzelnen Folgen und Maßnahmen letztlich aussehen würden, bin ich überzeugt, dass ein Grundeinkommen die Menschen insgesamt sehr viel glücklicher und freier machen würde. Die Frage ist nur, ob die Regierung das auch möchte. Die Wirtschaft wird die Idee entschieden ablehnen, weil sie jede grundlegende Veränderung aufgrund der Risiken ablehnt. Auch die Digitalisierung wurde und wird gerade in der deutschen Wirtschaft und Regierung noch immer mit Skepsis betrachtet und abgelehnt. Erst durch Corona mussten viele Firmen und Ämter mit Gewalt auf digitale Möglichkeiten umsteigen und haben dadurch zum Großteil bemerkt, dass es sehr viel effizienter und bequemer ist, mit der Zeit zu gehen.

Es gibt jedoch auch kritische Stimmen im Bezug auf das Grundeinkommen, die die Befürchtung ausdrücken, dass die Regierung dadurch die Möglichkeit hätte, die Höhe oder die Bereitstellung des Grundeinkommens an Bedingungen zu knüpfen. Bereits beim Arbeitslosengeld kennt man eine Reihe von Auflagen, bei deren Nichterfüllung die Zahlungen eingestellt werden. Damit das Konzept des Grundeinkommens funktionieren kann, muss der Zusatz *bedingungslos* ganz klar festgelegt werden. Es darf nicht möglich sein, diese finanzielle Grundlagenzahlung als Druckmittel zu missbrauchen, um Bürger zu bestimmten Handlungen zu erpressen. Die einzige Voraussetzung für den Erhalt darf die deutsche Staatsbürgerschaft sein.

Viele Veränderungen, die die Welt positiv beeinflussen könnten, werden aus Angst vor Verlusten oder Arbeitsaufwand vermieden, bis es keine Alternative mehr gibt, besonders in Deutschland. Außerdem hört man oft das Traditionsargument älterer Semester: *Das haben wir schon immer so gemacht!*

Leider ist das keine valide Argumentation. Menschen fürchten Veränderung, weil sie oft ungewiss ist. Doch wie im echten Leben, kann ein Sprung ins kalte Wasser auch sehr belebend sein. Ein Land ist nichts anderes als jeder andere Organismus. Wenn ein Versuch fehlschlägt, lernt man daraus und versucht etwas Neues. Das ist immer noch besser, als ewig am Alten festzuklammern, während die Welt an einem vorbeizieht.

Betrachten wir einmal den deutschen Verwaltungsapparat. Es gibt hunderte verschiedene Ämter für alle möglichen Bereiche. Arbeitsämter, Finanzämter, Verkehrsämter, Bauämter, Datenschutzämter, Stadtverwaltungen, und so weiter und so fort. Die meisten dieser Ämter gibt es überall im Land und sie alle arbeiten im Grunde mit den persönlichen Daten der Bürger. Anstatt jedoch eine zentrale Kartei anzulegen, in der die Datensatze der Bürger vollständig und für jedes Amt abrufbar abgelegt werden, hat jedes Amt seine eigenen zwanzig Formulare in dicken Aktenordnern oder veralteten Systemen abliegen. Die meisten Ämter sind untereinander nicht vernetzt und keiner weiß genau, was der andere tut. Dadurch müssen die Bürger für jedes Anliegen auf ein anderes Amt laufen und dort dieselben Daten wieder neu angeben. Die Amtsgebäude sind voll, die Straßen auch und wer kennt nicht die Beschwerden über lange Wartezeiten für den nächsten freien Beamten.

Ein weiteres Beispiel ist, dass es einige Formulare für Nicht-Muttersprachler in extra einfachem Deutsch gibt. Da stellt sich die Frage, warum Muttersprachler unbedingt kompliziertes Deutsch brauchen. Teilweise gibt es sogar schriftliche Anleitungen, wie man bestimmte Formulare richtig ausfüllt. Auch hier fragt man sich, weshalb ein Formular so kompliziert sein muss, dass man dafür eine Gebrauchsanweisung benötigt. Das sind klassische Beispiele dafür, wie unnötig umständlich die deutsche Verwaltung ist.

Mit der heutigen Technologie könnte man fast alle diese Vorgänge papierlos erledigen und dadurch eine Menge Raum, Zeit und Geld durch das Wegfallen physischer Akten einsparen. Mit modernen Mitteln wie Videokonferenzen, Chats und Online-Formularen könnte man die meisten Anliegen der Menschen wesentlich schneller und effizienter bearbeiten und sie direkt in das gemeinsame System der Regierung einpflegen, sodass auch alle anderen Ämter Zugriff haben.

Würde beispielsweise jemand in eine andere Kommune ziehen, würde die Person ein einziges Mal zur Stadtverwaltung gehen, ihre Angaben machen, und alle anderen Ummeldungen könnten automatisch ausgelöst werden, z.B. die Dokumente für das Fahrzeug der Person, das neue zuständige Finanzamt und so weiter. Heute muss der Bürger das noch alles manuell beantragen und diverse Ämter persönlich abklappern, was für beide Seiten viel Zeit und Aufwand bedeutet.

Vor einer Weile habe ich jemanden von einem Amt getroffen, ich vermeide hier natürlich Details. Diese Person sagte mir allen Ernstes, dass man dort erst seit zwei Jahren E-Mails verwendet. Die E-Mail befindet sich aktuell bereits in einer Phase ihres Lebenszyklus, in der sie durch modernere Kommunikationswege wie Chats ersetzt wird. Und erst jetzt rüsten manche Ämter auf den Stand der 90er auf? Wann immer ich persönlich mit Ämtern zu tun hatte, wurde mir die technologische Unwissenheit vieler Beamter und generell der Regierung bewusst. Ich habe eine ganze Weile für ein Unternehmen gearbeitet, dass die modernsten Technologien und Software einsetzt, um produktiv zu sein. Wenn ich dann auf ein Amt komme, fühle ich mich wie in einer Zeitkapsel.

Andere Länder sehen Deutschland noch immer mit den Augen der Vergangenheit. Ich meine damit jetzt nicht nur die allgegenwärtige Verbindung zu den Nazis, sondern auch die Idee, dass Deutschland ein modernes Land und ein Vorreiter in der Technologie ist. Davon kann ich jedoch nichts erkennen, denn selbst die Internet-Infrastruktur oder das Handynetz sind hier kein Vergleich zu unseren Nachbarländern.

Ein weiterer Punkt sind Versicherungen. Das Wort allein zeigt bereits, wie ängstlich wir geworden sind. Man kann heutzutage nichts mehr tun, wenn man nicht rechtlich abgesichert ist, weil scheinbar gegen alles geklagt wird. Warum ist das so? Weil die Gier auch hier wieder präsent ist. Menschen sind sofort bereit, das Rechtssystem zu nutzen, um sich auf Kosten anderer zu bereichern. Ob das nun gerecht ist oder nicht, ist im Recht irrelevant. Aus diesem Grund muss man in Deutschland absolut alles versichern und für jede Eventualität vorgesorgt haben. Ob es das Auto, die Berufsunfähigkeit oder Hagelschaden am Eigenheim ist, es gibt Versicherungen für so ziemlich alles.

Das Konzept ist auch hier wieder brillant. Man erhebt monatliche Geldbeiträge, basierend auf der Wahrscheinlichkeit des Eintretens, und findet dann Schlupflöcher, um im Ernstfall nichts zurückzahlen zu müssen. Das ist das Geschäftsmodell einer Versicherung. Sie existieren aufgrund einer Kombination aus Gier, staatlichem Zwang und Angst – eine sehr ungesunde Kombination. Schaut man sich manche Versicherungen an, stellt man fest, dass bei einigen die Wahrscheinlichkeiten zum Teil wirklich sehr gering sind. Ein paar Versicherungen hören sich für mich so unwahrscheinlich an, als wollte man sein Hausdach gegen Kühe aus dem Weltall versichern.

Dieser Versicherungswahn basiert auf der menschlichen Angst vor Verlust. Allerdings wird das zum Teil so ins Extrem getrieben, dass viele Menschen monatlich eine Menge Geld bezahlen, nur für ein trügerisches Gefühl von Sicherheit. Der Schaden würde im Ernstfall jedoch weiterhin entstehen. Wir müssen wieder lernen, manche Risiken im Leben zu akzeptieren und damit zu leben, anstatt uns wie so oft aus Angst ausnutzen zu lassen.

Ja, wir haben es begriffen, Kevin. Du hältst Deutschland für altmodisch, ängstlich und langsam.

Alles, was ich sagen will, ist, dass sich die deutsche Regierung mit all den komplizierten Ämtern, der mangelnden technologischen Bereitschaft, der massiven Bürokratie und dem Festhalten an überholten Prozessen selbst im Weg steht. Wer die globalen Entwicklungen beobachtet, kann bereits erkennen, dass es nicht mehr lange dauern wird, bis

Deutschland überholt wird. Alles, was dieses Land einst von außen so bewundernswert gemacht hat, lässt allmählich nach, weil wir uns zu langsam an Veränderungen anpassen. Was Deutschland außerdem auf lange Sicht enorm schadet, ist die massive Bürokratie. Es gibt so viele Ämter, Beamte, Formulare und Regularien, dass sich das Land in den Ruin verwaltet.

Das ist zumindest meine Schlussfolgerung.

14

Moral und Empfindlichkeit

Wir haben schon in früheren Kapiteln kurz über das Thema Moral gesprochen, aber da sie in der heutigen Zeit eine immer wichtigere Rolle spielt, finde ich es erwähnenswert, uns etwas eingehender damit zu befassen.

Woher kommt die Moral? Im Grunde sind Ethik und Moral Weiterentwicklungen des natürlichen Gerechtigkeitssinns. Schon vor der Geschichtsschreibung hatten Menschen das Bedürfnis, Wiedergutmachung für Schäden zu wollen, die ihnen durch andere entstanden sind. Oft zeigte sich das in Form von Rache, die lediglich darauf abzielt, dem Schuldigen zu schaden, um so ein Gefühl der Genugtuung zu erlangen.

Die andere, weniger emotionale Reaktion ist das Bedürfnis nach Gerechtigkeit, nach einem Ausgleich für das entstandene Leid. In früheren Tagen galt stets die Devise *Auge um Auge*, also tat man dem Täter, was er selbst einem getan hatte. Es geht bei Gerechtigkeit um Balance, ein Gleichgewicht.

Mit Voranschreiten der Jahrhunderte wurde es jedoch irgendwann verpönt, mit gleicher Münze zu vergelten. Der Grund dafür ist meiner Ansicht nach das wachsende Verständnis der Menschen. Die Hinrichtung eines Mörders, dessen Tat für andere emotional nachvollziehbar war, erzeugte in den Köpfen der Menschen kein Gefühl des Ausgleichs oder der Befriedigung. Eine geringere Strafe erschien gerechter.

Um also auszuschließen, dass jemand übermäßig bestraft wird, entwickelte sich die Grundmoral, dass es falsch ist, zu töten, selbst aus

Gründen der Gerechtigkeit. Das ist natürlich nur eine Komponente des modernen Moralverständnisses.

Oft wird Moral dazu verwendet, jene mit Macht und Stärke durch schlechtes Gewissen daran zu hindern, ihre Kraft anzuwenden. Rational betrachtet ist es das Werkzeug schwächerer Individuen, um die Starken aufzuhalten und zu überleben. Es ist die gezielte Nutzung von Empathie und Emotionen, um natürliches oder logisches Verhalten auszuhebeln. Beobachtet man die Tierwelt, stellt man fest, dass Moral ein rein menschliches Konzept ist. Zwar gibt es andere Wesen mit empathischem Bewusstsein, doch moralisches Denken ist nur bei uns zu finden. Kein Löwe fühlt sich schuldig, wenn er eine Gazelle reißt oder einen Rivalen tötet. Es liegt in seiner Natur, so zu handeln. Moral ist ein Ergebnis emotionaler Prozesse im Menschen. Es sind Meinungen, die auf Schuld, Trauer oder Ängsten basieren und sich auch mit diesen Emotionen verändern können.

Deshalb kann man Moral bzw. Ethik durchaus als Evolutionsbremse bezeichnen. Das sage ich hier absolut wertungsfrei. Ohne Moralverständnis wäre ein so flächendeckendes Zusammenleben unserer Spezies nicht möglich. Ich halte Moral und Ethik für eine der wichtigsten Fähigkeiten der Menschheit. Leider sind beide jedoch nicht klar und fest definiert, da sie relativ sind und im Auge des Betrachters liegen. Man könnte meinen, dass manche Dinge, wie das Töten als schlecht anzusehen, eine Art selbstverständliche Generalmoral wäre, doch selbst das sehen nicht alle Menschen gleich. Zumal nicht jeder Mensch sich geistig mit dem Konzept befasst und seine eigene Moral definiert. Viele Menschen denken darüber nie wirklich nach.

Allerdings lässt sich beobachten, dass, wenn man Personen mit bestimmten Situationen konfrontiert, die Emotionen auslösen oder Empathie fördern, ein Großteil der Menschen eine ähnliche Moralvorstellung hat. Nur so ist es möglich, dass z.B. Filmemacher es schaffen, mit der emotionalen Hintergrundgeschichte einer Person, die jemanden getötet hat, das Publikum mit diesem Menschen sympathisieren zu lassen. Das zeigt uns, dass Moral auf Emotionen und Verstehen basiert und nicht generell festgelegt werden kann, sondern fallweise auftritt.

Aus diesem Grund ist Moral zwar wichtig, um unser Zusammenleben zu ermöglichen, doch es ist auch sehr leicht, ihr zu viel Bedeutung beizumessen. Jemand, der nur einen Blickwinkel kennt, wird anders über eine Situation urteilen, als jemand mit einem anderen oder gleich mehreren Blickwinkeln. Hier könnte man wieder die Medien als Beispiel anführen, wie Informationen unser Denken, Fühlen und Handeln beeinflussen.

Nehmen wir an, jemand wird ermordet. Sagen die Medien, dass der Täter die Person erschossen hat, wird der Zuschauer besagten Täter als böse ansehen. Stellt sich heraus, dass es Notwehr war, dreht sich die öffentliche Meinung um 180 Grad herum. Heißt es dann, dass das Opfer den Täter angegriffen hat, weil dieser dessen Familie bedroht hat, dreht sich die Meinung wieder zurück. Würde man dann erfahren, dass der Täter ein potenzieller Terrorist war, wechselt der Zorn der Bevölkerung zu einer Terrorgruppe oder einem anderen Land. Ihr seht also, dass unsere Beurteilung eines Sachverhalts und unsere aktuelle Moralvorstellung immer davon abhängen, welche Informationen wir bekommen und wie wir sie verarbeiten.

Wenn also jemand den Begriff Moral in einer Argumentation anführt, meint er damit eigentlich nur sein Bauchgefühl, seine Emotionen. Und

Emotionen basieren auf Grundannahmen und Gedanken. Moral ist also eigentlich eine emotionale Meinung, kein allgemeingültiges Argument.

Moral ist die Grundlage dafür, was wir als richtig oder falsch empfinden. Diese Begriffe beziehen sich immer auf einen moralischen Standpunkt. Oft halten wir Dinge für falsch, die nicht normal sind. Allerdings ist der Begriff *normal* sehr bedenklich. Er stammt vom Überbegriff der Norm, also einer Art Gleichartigkeit, die wir als korrekt verstehen, weil man es uns so beigebracht hat. Allerdings zeigt uns die Natur immer wieder, dass es kein wirkliches *Normal* gibt. Jedes Blatt an einem Baum ist einzigartig. Auch wenn einige Aspekte immer ähnlich verlaufen, gibt es doch immer Ausnahmen und subtile Unterschiede. Wer sich also am Konzept der Norm orientiert, hält an der Idee einer perfekten Welt fest, die es nachweislich nicht gibt. Es ist also logischerweise unnatürlich, eine Norm zu erzwingen oder nach dem Maßstab der Perfektion zu urteilen. Betrachtet man es ganz genau, ist Individualität die einzige Norm auf dieser Welt – das gilt ganz besonders für uns Menschen.

Wir halten bestimmte Dinge für unnormal und moralisch verwerflich, weil man uns diese Werte so beigebracht hat, nichts weiter. Doch wie bei allem muss jeder Mensch für sich selbst entscheiden, ob er diese Dinge annimmt oder seine eigene Definition findet.

Dieses Thema bringt mich auf ein anderes, dass mich daran erinnert. Wie ich ja bereits am Anfang dieses Buches erwähnt habe, bin ich eigentlich Autor für Fiktion. Ich schreibe normalerweise Science-Fiction und Fantasy. Besonders fasziniert war ich aber schon immer vom Konzept der Superhelden. Egal ob klassische gute Figuren wie Superman und Captain America oder finstere Antihelden wie Batman oder der Punisher, Superhelden waren für mich schon immer sehr spannend. Und mit dieser Meinung bin ich nicht allein, wenn man bedenkt, wie groß aktuell der Hype in den Kinos und Streamingdiensten ist. Superhelden sind auf der ganzen Welt gefragt.

Aber warum ist das so? Warum sind so viele Menschen fasziniert von Figuren mit Superkräften oder besonderen Fähigkeiten?

Ich denke, es liegt daran, dass wir uns als Menschen im Alltag oft machtlos fühlen. Wir müssen zur Arbeit gehen, Pflichten erfüllen, uns an tausende Regeln halten und können uns nicht dagegen wehren. Wenn wir uns mit Superhelden beschäftigen, bekommen wir das Gefühl, an ihrer Macht teilzuhaben. Betrachten wir doch einmal, welche Art von Menschen sich besonders stark mit Comics und Superhelden beschäftigen. Nerds, Kinder, Familienväter, Männer wie Frauen – es sind alles Menschen, die in ihrem Leben wenig Macht besitzen und sich gegen so viele Dinge nicht wehren können. Viele der Fans sind hochintelligente Menschen, denn die Darstellung von Leonhard und Sheldon in der beliebten TV-Serie *The Big Bang Theory* sind ja für ihre sehr zutreffende Verkörperung dieser Personengruppe bekannt.

In der Serie kann man sehr oft sehen, dass die vier Protagonisten und auch ihre später hinzukommenden Partnerinnen trotz ihres überragenden Intellekts im Alltag oft den Kürzeren ziehen. Mobbing, Ungerechtigkeit, Verzweiflung – Wir alle ertragen täglich viele Dinge, daher sehnen wir uns nach der Macht, uns selbst zu befreien. Superhelden bieten uns eine Möglichkeit, dieses Gefühl nachzuempfinden. Sie besitzen große Kraft und können sich teilweise sogar gegen Regierungen stellen, weil keine Waffe gegen sie ankommen kann. Dabei sind gerade die Geschichten der dunkleren Helden wie Batman oder dem Punisher hervorragende Möglichkeiten, moralische Grundannahmen zu hinterfragen. Sie beleuchten auch oft den Unterschied zwischen Rechtssystemen und tatsächlicher Gerechtigkeit, denn wie oft müssen sie sich gegen Polizei und Staat behaupten, weil diese nicht der Gerechtigkeit dienen.

Während Figuren wie Superman und Batman das Töten vermeiden und stets vorbildlich handeln, sind andere Charaktere wie Iron Man oder der Hulk keineswegs zimperlich, wenn es um die Rettung der Welt geht. Auch hier zeigt sich, dass die Moral der Zuschauer und Fans von den Umständen und Hintergründen abhängt. Das gilt besonders für die Feinde, die sogenannten *Bösewichte* oder *Schurken*. In der heutigen Zeit handeln zunehmend viele moderne Superhelden- oder Agentengeschichten von Widersachern, deren Motive und Beweggründe unserer Realität immer näher kommen. Ich persönlich kann die Meinungen dieser *Bösen* sehr oft gut nachvollziehen und ihnen auch zustimmen. Lediglich ihre Vorgehensweise und die extremen Mittel sind das, was sie als böse erscheinen lässt. Sie haben jedoch sehr oft wirklich überzeugende Argumente.

Im Grunde befriedigen uns Superheldengeschichten, indem sie uns zeigen, wie es wäre, sich wehren zu können. Es zeigt uns auch, welche Verantwortung mit solcher Macht einhergeht. Es geht darum, sich bewusst zu machen, dass wir selbst entscheiden können, wie wir unsere Macht einsetzen und anschließend die Konsequenzen tragen müssen. Allein die moralischen und ethischen Fragen, die in diesen Geschichten behandelt werden, konnen uns zum Nachdenken bringen und haben einen positiven Effekt auf unser Wertebewusstsein.

Ich persönlich schreibe Fiktion, weil ich, wie man an diesem Buch hier vermutlich leicht erkennt, unsere Welt und das System der Gesellschaft für sehr krank halte. Mir ist aufgrund meiner Beobachtungen absolut klar, woher das alles kommt. Es ist die Natur des Menschen, die dazu geführt hat, wo wir heute stehen. Allerdings gibt es noch viel zu wenige von uns, die diese Illusion durchschauen und aufmerksam beobachten. Zu wenige Menschen verstehen die Zusammenhänge oder glauben einfach alles, was ihnen gesagt wird. Ich habe das bereits vor Jahren erkannt. Unzählige Male war ich gezwungen, Dinge gegen meinen Willen zu tun, Dinge hinzunehmen, Dinge nicht tun zu dürfen. Ich habe das Verhalten anderer Personen beobachtet und mich gefragt, weshalb sie so handeln, wie sie es tun.

Ich habe meinen Verstand durch Geschichten von Superhelden, Fiktion, Geschichte, Philosophie und andere Einflüsse darauf trainiert, alles zu hinterfragen und mich selbst zu fragen, was ich in bestimmten Situationen täte und wieso. Dadurch habe ich irgendwann verstanden und akzeptiert, dass eben genau diese Dinge, Verstehen und Akzeptieren, der einzige Weg sind, dass ein Mensch aus seinem eigenen, selbst errichteten mentalen Gefängnis ausbrechen kann. Doch das System ist so strikt und so tief in den Menschen verwurzelt, dass nur ein extremes Ereignis sie dazu bringen kann, sich selbst und das Leben zu hinterfragen. Anders als die finsteren Männer und Frauen, die von Superhelden aufgehalten werden müssen, plane ich aber keinen weltweiten Krieg oder Putsch oder was auch immer, um es zu erzwingen.

Es ist nicht meine Aufgabe, die Welt zu verändern oder die Menschen nach meinem Wunsch zu beeinflussen. Deshalb betone ich in diesem Buch auch immer wieder, dass es sich hier um meine ganz persönlichen

Beobachtungen und Schlussfolgerungen handelt, die absolut wertungs-frei sind, weil ich kein Interesse daran habe, euch zu bekehren. Ich will euch nur einen Blickwinkel eröffnen, den ihr vielleicht noch nicht kann-tet, damit ihr euer Weltbild selbst anpassen oder bewusst beibehalten könnt. Meine Aufgabe, mein Sinn des Lebens ist es, Welten zu erschaf-fen, die Freude und glückliche Momente bescheren. Ich erzähle Geschichten von fernen Galaxien und Welten, wo Superhelden und Krie-ger sich gegen die finsteren Mächte erheben. Superhelden, die uns in der Realität leider fehlen.

Es gibt noch ein weiteres Thema, das ich gern erwähnen möchte. Ich habe durch die sozialen Medien und das Aufkommen von immer mehr Bewegungen und Aktivisten einen Trend bemerkt. Die Menschen sind aktuell so empfindlich wie nie zuvor in der Geschichte. Jetzt könnte man das als Folge der Tatsache sehen, dass es uns so gut geht, dass wir keine anderen Sorgen mehr haben. Das mag auch zum Teil stimmen.

Ich glaube aber auch, dass wir als Menschen immer öfter das Gefühl haben, in dieser Welt der Schnelllebigkeit und des Konsums unseren Selbstwert nur durch die Aufmerksamkeit anderer definieren zu können. Aus diesem Grund sind die Leute heute bereits vom kleinsten Kom-mentar beleidigt und empören sich darüber. Insbesondere Prominente werden aufgrund ihrer persönlichen Ansichten verurteilt, persönlich angegriffen oder schlechtgemacht. Dabei wird auch oft die Arbeit dieser Menschen, egal welcher Natur, die mit ihren persönlichen Ansichten nichts zu tun hat, in den Schmutz gezogen. Das erzeugt den Eindruck, dass man, um in dieser Welt beliebt und berühmt sein zu können, am besten keine Meinung haben darf, da jede Aussage irgendjemanden verärgert. Dasselbe gilt auch für Unternehmen, die ihre Produkte oder ihre Werbung nachträglich ändern und sich entschuldigen, nur weil irgendjemand damit nicht einverstanden ist und sich beschwert.

Meist ziehen Unternehmen und Prominente ihre Aussagen zurück und entschuldigen sich, nur um nicht bei den Menschen in Ungnade zu fallen. Tatsächlich handelt es sich bei solchen Beschwerden jedoch meist um kleine Gruppen von Personen, deren Missmut sich kaum auf den Rest der Welt auswirkt. Beide Seiten solcher Konflikte reagieren zu schnell und zu heftig auf jede Kleinigkeit.

In der heutigen Zeit wird die Moral als Waffe genutzt, um jede Meinung zu rechtfertigen, jeder Minderheit eine Stimme zu geben und absolut alles und jeden zu retten. Allein das Wort *Jeder* sagt bereits aus, dass es sich dabei um ein Extrem handelt, um ein perfektes, 100%iges Ergebnis. So etwas ist allerdings unmöglich zu erreichen. Man kann nicht jeden retten, denn nicht jeder *will* gerettet werden, nicht jeder *sollte* gerettet werden. Unser Planet ist nicht dafür ausgelegt, dass jeder gerettet wird. Es geht hier um ein realisierbares Verhältnis. Anstatt jeden retten zu wollen, sollten wir stattdessen anstreben, so viele wie realistisch möglich zu retten. Wir leben heute in einer Gesellschaft voller Menschen, deren Ideale zu hoch hängen, die keinen Bezug mehr zur Realität haben.

Kommen wir noch einmal zurück auf Tabus. Es gibt in dieser Welt mindestens doppelt so viele Meinungen wie Menschen. Nicht jede kann berücksichtigt werden, das ist leider einfach so. Man kann heute kaum noch eine Meinung öffentlich sagen, ohne Empörung auszulösen. Allein das Wort Empörung ist bereits ein klares Zeichen dafür, dass es nicht logisch ist. Die Definition von Empörung ist laut Duden eine *von starken Emotionen begleitete Entrüstung als Reaktion auf Verstöße gegen moralische Konventionen*. Es ist eine emotionale Reaktion, keine rationale, logisch begründete Verhaltensweise. Emotionale Verhaltensweisen sind nicht generalisierbar, sondern sehr persönlich. Daher ist keinerlei Rechtfertigung gegenüber den Emotionen von Einzelpersonen erforderlich, solange keine nachweislichen Folgen entstehen.

An dieser Stelle möchte ich auf die psychologisch erwiesene Tatsache hinweisen, dass Beleidigungen, Empörung und ähnliche Reaktionen das Resultat einer Entscheidung sind. Wenn mich jemand Dummkopf nennt, liegt es ganz allein an mir, ob ich mich dazu entscheide, mich beleidigt zu fühlen. An sich ist *Dummkopf* nur ein Wort. Worte haben nur die Bedeutung, die wir ihnen geben. Genauso könnte ich mich beleidigt fühlen, wenn mich jemand deutsch nennt, mich Mensch nennt, mich Kevin nennt. All das sind nur Worte. Meine Reaktion darauf basiert auf meinen Assoziationen mit diesen Worten. Aber dennoch bleibt es dabei, dass es nur Worte sind, die mich nicht körperlich verletzen, meine Freiheit nicht einschränken und mein Leben nicht beeinflussen, wenn ich es nicht zulasse. Es ist eine Entscheidung.

Das bedeutet, dass jeder Mensch, der mit Empörung auf die Meinung eines anderen reagiert, sich aktiv oder unbewusst dafür entschieden hat, sich beleidigt zu fühlen. Es kann genauso eine Entscheidung sein, dass es einem einfach egal ist, was in den meisten Fällen zielführender für die geistige Gesundheit ist.

Ich persönlich nenne es *die Macht des Egal*. Je mehr Dinge uns egal sind, desto besser geht es uns damit, weil wir keine Gedanken daran verschwenden und uns keine Sorgen machen. Damit meine ich nicht, dass man apathisch wird und absolut alles ignoriert. Es geht darum, dass wir uns bewusst dazu entscheiden, wie viel Bedeutung wir etwas beimessen möchten. Es gibt Menschen, die Befriedigung dabei verspüren, sich über Dinge aufzuregen. Sie wollen sich aufregen und Konflikte beginnen. Das sind oft Menschen, die später im Leben Schlaganfälle oder Herzinfarkte bekommen, die durch Stress ausgelöst werden. Es ist ungesund, sich ständig aufzuregen, daher ist es ein großes Glück, dass wir uns auch anders entscheiden können. Die Macht des Egal schenkt uns die Freiheit, das Leben gelassener und vor allem weniger stressig zu leben. Ich selbst bin ein großer Fan davon. Im Ernst. Versucht es mal.

Ein sehr gutes Beispiel ist der Transgenderismus, der immer wieder Stoff für hitzige Diskussionen bietet. Ich mache es an dieser Stelle ganz deutlich: Ich kann Transgender gut verstehen und habe nicht das geringste Problem damit. Es ist nachvollziehbar, dass es nicht leicht ist, sich selbst in einer so festgefahrenen Gesellschaft zu akzeptieren und sein inneres Wesen auszuleben. Ich kann auch gut verstehen, wie wichtig es solchen Menschen, ebenso wie homosexuellen Menschen ist, urteilsfrei als die Personen akzeptiert zu werden, die sie sind. Ich tue das ohne jeden Zweifel.

Es ist auch sehr leicht, zu verstehen, dass ein Mensch, der sich selbst für lange Zeit in seinem Leben verleugnet, als falsch angesehen oder sogar selbst gehasst hat, weil seine Persönlichkeit und seine Natur mit den vorherrschenden Werten nicht übereinstimmen, seinen Selbstwert mit viel Mühe aufbauen muss. Selbstwert bedeutet aber, dass man seinen eigenen Wert von den Meinungen und Werten anderer unabhängig macht. Ich denke, dass viele Menschen der LGBTQ-Gemeinde, genau wie alle anderen Menschen auch, nur dann ihren Selbstwert stabil aufbauen können, wenn sie sich von den Meinungen der Gesellschaft abkoppeln. Die Menschen werden auch in Zukunft mit Anfeindung auf alles reagieren, was sie nicht verstehen. Das bedeutet aber nicht, dass man deswegen weniger wert ist. Ganz im Gegenteil halte ich all jene, die den Mut und die Kraft haben, ihren eigenen Weg trotz aller Schwierigkeiten weiterzugehen, für ganz besonders stark.

Eine meiner liebsten Netflix-Shows ist das amerikanische Queer Eye, eine Makeover-Show, die von fünf homosexuellen Männern handelt, die Menschen dabei helfen, ihr Leben in den Griff zu bekommen. Dabei dreht sich ein großer Teil auch um diese fünf Männer und die LGBTQ-Gemeinde, die es zum Teil sehr schwer hatten und sogar von ihren eigenen Familien wegen ihrer sexuellen Orientierung verstoßen wurden. Ich fühle immer wieder mit diesen Menschen mit und obwohl ich rational verstehe, warum manche Menschen sich abwertend verhalten, empfinde ich es als wahrhaft schrecklich, dass so viele Personen etwas Ähnliches durchmachen müssen. Wenn ich also nachfolgend etwas schreibe, was zunächst feindselig klingt, hoffe ich, dass ihr es nicht als Angriff wertet, sondern es als rein rationale Beobachtung versteht.

Betrachtet man Transgenderismus wertfrei rational, kann man ihn, ähnlich wie Homosexualität oder Heterosexualität, nicht von außen sehen oder nachweisen. Alles, worauf sich andere Menschen beziehen können, ist das, was man von außen sehen kann. Geschlechter werden von den Leuten anhand der physisch erkennbaren Geschlechtsmerkmale unterschieden. Alles, was darüber hinausgeht, ist wissenschaftlich betrachtet ein Gefühl und daher nicht sichtbar.

Versuchen wir, Religionen oder Glaubensrichtungen zu definieren, sprechen wir von Gedanken, Glaubenssätzen, Gefühlen und Handlungen, die auf persönlichem Glauben, Weltanschauungen und Empfindungen basieren und nicht messbar oder beweisbar sind. Wenn wir es fertigbringen, uns auf eine wirklich emotionslose, rationale, wertfreie Betrachtung zu beschränken, ist die geschlechtliche Orientierung nichts anderes. Bei Homosexualität und Transgenderismus handelt es sich um eine Anziehung des Körpers, bzw. ein Selbstempfinden, das mit dem der Mehrheit der Menschen nicht identisch ist. Das ist jedoch keineswegs unnatürlich und es ist weder gut noch schlecht, das will ich hier noch einmal ganz deutlich sagen. Es ist ebenso Teil der Natur wie alles andere auch, da Individualität die einzige Norm ist.

Es handelt sich bei sexueller Orientierung und Selbstempfinden jeglicher Art, ob heterosexuell, homosexuell oder Transgender, um ein für Außenstehende nicht sichtbares und auch kaum messbares Phänomen. Und per Definition könnte man Selbstempfinden auch als Glaube bezeichnen. Es ist natürlich kein religiöser Glaube, aber es ist eine Denkweise, eine innere Überzeugung, die manche Menschen von Geburt an haben, weil sie durch das Deuten ihrer körperlichen Signale und ihrer Gedanken zu der Erkenntnis gelangt sind, sich z.B. nicht entsprechend dem Geschlecht zu empfinden, mit dem sie geboren wurden. Es steht jedem Menschen frei, die heutigen medizinischen Mittel zu nutzen, um sich mehr wie die Person zu fühlen, die man in seinem Inneren ist. Doch solange das körperliche Äußere beispielsweise männlich ist, können Außenstehende diese Person unmöglich als Frau wahrnehmen, auch wenn sie es im Inneren ist. Selbst Kleidung muss nicht zwangsläufig zu dieser Erkenntnis führen.

Es ist völlig normal, dass man sich auf seine Sinne verlässt, wenn es um den Kontakt mit anderen Menschen geht. Doch als Transgender muss man sich der Tatsache stellen, dass es in der Natur des Menschen nach heutiger Sicht nur zwei nachweisbare Geschlechter gibt und wir diese rein anhand physischer Merkmale unterscheiden. Wenn dies nicht mit dem Selbstempfinden übereinstimmt, können andere Menschen es unmöglich wissen. Aus diesem Grund sind viele Leute uneinsichtig, wenn es darum geht, Transgenderismus im öffentlichen Leben explizit einzubeziehen, beispielsweise bei der Geschlechtertrennung auf Toiletten oder auf Dokumenten. Diese Dinge basieren auf den beiden in der Natur vorkommenden Geschlechtern und deren körperlichen Unterscheidungsmerkmalen.

Betrachten wir rein anhand der Zahlen, wie viele Menschen auf der Welt zu Gruppen mit derartigen Änderungswünschen gehören, stünde der Aufwand einer umfassenden Anpassung in keinem Verhältnis zum Ertrag für die Gesamtheit der Menschen. Dabei geht es nicht darum, dass man z.B. Transgender nicht anerkennt oder akzeptiert. Es ist völlig richtig, dass jeder Mensch zählt, aber bei derartigen Änderungen ist die Frage, wie lebenspraktisch es in der Umsetzung ist. Abgesehen von körperlich behinderten Menschen gibt es bei den meisten alltäglichen Dingen für keine andere Gruppe eine Sonderbehandlung. Das würde schließlich bedeuten, dass jemand nicht *normal* ist. Und gerade das sind Transgender ebenso wie alle anderen, wobei ich persönlich den Begriff *normal* wie oben beschrieben ohnehin nicht besonders mag.

Änderungen, die jedoch absolut gerechtfertigt und notwendig sind, sind gleiche Rechte für jeden. Weder sexuelle Orientierung noch eine individuelle Geschlechtsdefinition darf einen Einfluss auf die Rechte eines Menschen haben. Denn das sind wir alle: Menschen. Egal um was es geht, aber insbesondere Gleichberechtigung im Sinne von Heirat, Adoption und beruflichen Chancen – für mich als rationalen Geist ist es nicht logisch nachvollziehbar, wie so etwas überhaupt zur Diskussion stehen kann. Wir alle sind wertvoll und haben die gleichen Chancen verdient.

Der heutige gesellschaftliche Konflikt der sexuellen Orientierung ist ein klares Problem unserer Zeit. Im alten Griechenland war es völlig normal, sich sexuell auszuleben und Männer wie Frauen anziehend zu finden. Bei den amerikanischen Ureinwohnern war es ebenfalls ein bekanntes und akzeptiertes Phänomen. Ein Wesen, dessen Seele beide klassischen Geschlechter in sich trägt, könnte man daher durchaus als drittes Geschlecht bezeichnen. Dazu wäre es jedoch nötig, dass die Menschen über die geistige Reife verfügen, den seelischen Aspekt anzuerkennen, anstatt sich nur auf den Körper zu konzentrieren, was nur selten der Fall ist. Meine persönliche Vermutung ist, dass die christlichen Religionen die Homophobie in die Welt brachten, weil es ihrem Weltbild und ihrer vereinfachten Schöpfungsgeschichte widersprach, wenn man nicht in eine der beiden Standardschubladen passte. So hat sich diese Abneigung und Verachtung im Laufe der Jahrhunderte kulturell etabliert und muss nun mit viel Mühe beseitigt werden. Wenn also jemand ein Problem mit Homosexualität oder Transgenderismus hat, ist das ein Zeichen seines begrenzten Horizonts und geistiger Reife. Die meisten dieser Menschen stecken noch in Stufe 3 in Kegans Stufenmodell und folgen den veralteten Lehren vieler Kirchen und der Abneigung anderer, um nicht negativ aufzufallen.

So hat es sich eingebürgert, dass die Geschlechterrollen in unserer heutigen Gesellschaft streng getrennt und klar definiert sind. Ich erinnere dabei gern noch einmal an das Kapitel über Mann und Frau, in dem einige der Gründe dafür evolutionärbedingt erklärt werden. Die Prägung beginnt bereits im Kindesalter, wo bestimmte Farben, Muster und Begriffe klar einem Geschlecht zugeordnet werden. Welche Eltern kaufen ihrem kleinen Sohn rosa Kleidung? Welches kleine Mädchen bekommt ein schwarzes Spiderman-Shirt anstelle eines Prinzessinnen-Kleids? Wie reagieren viele Menschen, wenn ein kleiner Junge sich als Frau verkleidet? Was sagen die Leute, wenn ein Mädchen sich lieber eine Rennbahn als eine Puppe wünscht? Genau wie beim Rassismus fürchten zu viele Menschen, wie ihr Umfeld auf bestimmte Dinge reagieren könnte, obwohl all diese Dinge völlig in Ordnung sind. Das Problem auf dieser Welt ist nicht, welche Geschlechter es gibt oder wie jemand sein Leben lebt, sondern es ist die Engstirnigkeit der Masse, die das nicht akzeptieren kann, weil sie in ihren unreflektierten Überzeugungen und Ängsten gefangen ist.

Im Grunde kann man sagen, dass jede Minderheit, die das Ziel verfolgt, akzeptiert zu werden, das am besten dadurch erreicht, indem sie keine deutliche Trennlinie zwischen sich und den Rest der Welt zieht. Rassismus, in welcher Form auch immer, existiert nur deshalb, weil es immer wieder Menschen gibt, die diese Unterschiede hervorheben.

Ein Beispiel: Es ist nicht förderlich gegen den Rassismus, wenn man Menschen mit dunkleren Hauttönen nicht mehr als *schwarz* bezeichnen darf, weil es verpönt ist. Es ist ein rationaler Fakt und ein Unterscheidungsmerkmal wie jedes andere auch. Ebenso könnte man sagen, dass jemand blond ist. Die Worte an sich tragen noch keine Wertung in sich. Es sind der Tonfall, die Absicht, oder auch die Bedeutung der Aussage, die daraus Rassismus machen oder eben auch nicht. Ich kenne Menschen mit dunkler Hautfarbe, für die es völlig in Ordnung ist, wenn man sie *schwarz* nennt. Ich kenne auch Homosexuelle, die sich nicht angegriffen fühlen, wenn man sie schwul nennt. Es ist wie immer eine persönliche Entscheidung, ob man sich durch etwas angegriffen fühlt oder nicht. Natürlich gibt es Begriffe wie *Schwuchtel* oder *Tunte*, die in ihrer Verwendung klar negativ behaftet und meist beleidigend und abwertend verwendet werden. Dennoch ist es eine Entscheidung, ob man sich davon beeinflussen lässt oder nicht. Andere abzuwerten ist meist ein Zeichen der eigenen Unsicherheit, wenn man nicht über etwas nachdenken möchte, weil man instinktiv weiß, dass es das eigene Weltbild verändern würde. Man müsste sich selbst ehrlich betrachten und die Wenigsten kommen dabei gut weg, daher greifen sie lieber andere an.

Ich habe den Eindruck, dass Minderheiten sich selbst auch gern so fühlen möchten. In einer Welt, in der die Menschen entfremdet sind, suchen Viele ein Gefühl der Zugehörigkeit. Indem sich Angehörige einer solchen Gruppe durch künstliche Empörung von anderen abheben, fühlen sie sich ihren Mitstreitern näher und sie fühlen sich innerhalb ihrer Gruppe akzeptiert. Das ist völlig verständlich.

Es ist allerdings ein fruchtloses Ideal, wenn Feministinnen oder Transgender beispielsweise eine Anpassung des Sprachgebrauchs fordern, da die heutige Sprache nicht von ein paar wenigen Menschen festgelegt wurde, sondern sich über Jahrhunderte entwickelt hat. So etwas kann man nicht einfach mal eben verändern, nur weil sich jemand entscheidet, sich angegriffen oder diskriminiert zu fühlen. Die Gefühle dieser Menschen sind natürlich in Ordnung und man kann sie teilweise auch nachvollziehen. Wir sprechen an dieser Stelle aber wieder über das Verhältnis von Forderungen zu Aufwand.

Ein Beispiel: Wenn jemand einen Vortrag vor der Belegschaft eines Unternehmens halten soll, ist es üblich, zu Anfang von Kolleginnen und Kollegen zu sprechen. Allerdings beschränkt man sich danach häufig auf den Begriff Mitarbeiter, der in den Köpfen der meisten Menschen alle Geschlechter beinhaltet, auch wenn er grammatisch maskulin ist. Es wäre nicht nur für den Redefluss, sondern auch zeitlich ein Hindernis, wenn man den Begriff an jeder Stelle gendern würde.

Außerdem kann man es wunderbar mit der Cookie-Notiz auf Webseiten vergleichen. Natürlich ist es rechtlich korrekt, auf jeder Webseite eine solche Notiz einzublenden, aber die meisten Nutzer empfinden es nach kurzer Zeit als enorm störend. Ebenso ist es beim Gendern von Begriffen. Wenn man ständig darauf achten muss, was man sagt oder schreibt, löst das bei der Mehrheit der Menschen negative Assoziationen aus, weil es im Redefluss, Lesefluss oder Arbeitsfluss stört. Damit erreicht man häufig das Gegenteil dessen, was eigentlich beabsichtigt war.

Ich kann gar nicht genug betonen, dass ich jede Form des Glaubens, der sexuellen Orientierung und des Denkens akzeptiere. Das hier soll weder ein Angriff noch eine Ab- oder Aufwertung sein. Ich möchte nur darauf hinaus, dass jeder Mensch auf dieser Welt einzigartig ist und wir unsere Sprache, den Verhaltenskodex und die Grundregeln der Gesellschaft anhand der Mehrheit unbewusst entwickelt haben. Es wird in Zukunft immer mehr Dinge geben, die wir auf der Welt berücksichtigen müssen, aber Veränderung braucht Zeit.

Wenn ihr also jemand seid, der sich unverstanden, nicht akzeptiert oder ungerecht behandelt fühlt – willkommen im Club. In einer Welt, in der jeder Mensch einzigartig ist, ist es unmöglich, dazu zu passen. Wir passen am besten dazu, indem wir einzigartig sind. Es gibt kein normal, wenn jeder individuell ist. Es wird immer Menschen geben, die mit bestimmten Meinungen, Äußerlichkeiten oder Glaubensrichtungen bzw. generell mit Unterschieden ein Problem haben. Das sind jedoch alles Menschen, die nicht reflektiert genug sind, um die Vielfalt der menschlichen Spezies zu verstehen und anzuerkennen oder sogar wertzuschätzen. Wenn wir ehrlich sind, ist doch nur wichtig, dass jene Menschen uns so akzeptieren und lieben, wie wir sind, die wir in unserem Leben haben möchten. Ob Familie, Freunde oder eine ganze Gemeinschaft, nur das zählt. Wer mit aller Gewalt versucht, allen Menschen zu gefallen oder von allen Menschen Respekt und Akzeptanz zu erhalten, wird sein Leben unbefriedigt leben, denn es gibt niemanden auf dieser Welt, der keine Kritiker hat.

Fazit

Jetzt haben wir uns ziemlich viele Themen angeschaut und die meisten davon waren sehr kontrovers. Wenn ihr bis hierher gelesen habt, gehört ihr sehr wahrscheinlich zu der kleinen Gruppe von Menschen, die andere Meinungen hören und verkraften können, ob sie zustimmen oder nicht.

Ich hoffe, ich konnte euch zu einigen Themen ein paar Sichtweisen aufzeigen, die ihr bislang noch nicht kanntet. Falls euch all das schon bekannt war, dann habt ihr zumindest jemanden gefunden, der sich dieselben Gedanken gemacht hat.

Manche denken jetzt vielleicht, ich wäre ein unglücklicher, hasserfüllter Zyniker, der kein gutes Wort für die Welt übrig hat. Das stimmt aber nicht. Ich habe mir all diese vielen Gedanken aufgrund meiner Beobachtungen der Welt gemacht. Ich verstehe das alles und kann es deshalb akzeptieren. Es macht wenig Sinn, die Tatsachen und das Weltgeschehen mit Ärger oder Verzweiflung zu betrachten und dabei in Rage zu geraten. Die Menschheit ist, wie sie ist. Das einzige Gefühl, das ich hierbei manchmal habe, ist Trauer, weil ich die Natur unserer Spezies akzeptieren muss. Daran lässt sich nichts ändern, solange wir nicht alle bereit sind, aus dem Hamsterrad zu treten und uns neu zu orientieren. Frieden, Glück und die Wahrheit müssen gewollt werden, verstanden werden, Willkommen geheißen werden. Man kann es nicht erzwingen.

Weltreiche, Politiker, Wirtschaftsfiguren, Konzerne – das alles steigt auf und fällt im Laufe der Zeit, denn nichts währt ewig. Wir können nur versuchen, das Beste aus der Zeit zu machen, die wir haben. Reflektiert euch selbst, findet euren Sinn des Lebens und versucht, euer Leben innerhalb der Gegebenheiten unserer Zeit so schön wie möglich zu verbringen. Wenn ihr gern arbeitet und viel Geld anhäuft, dann tut das. Wenn ihr lieber Zeit mit anderen Menschen verbringt, dann findet welche, die euch guttun. Am Ende des Lebens dankt uns niemand für 40 oder sogar 50 Jahre der Arbeit in einem Unternehmen. Dann zählt nur, ob ihr auf euer Leben zurückblicken könnt, ohne etwas zu bereuen. Ich wünsche euch allen, dass ihr das erreicht.

Ich persönlich habe mich entschieden, nur wenige Menschen in meinem Leben zu haben, bei denen ich sicher sein kann, dass sie es bereichern. Für alles andere opfere ich keine Zeit. Die Welt da draußen hat unendlich viele wunderschöne Dinge zu bieten, doch das System verhindert erfolgreich, dass wir auch nur einen Bruchteil davon genießen können. Aus diesem Grund ziehe ich es vor, in andere Welten einzutauchen und meine eigenen zu entwerfen, damit auch andere Menschen für eine Weile dorthin flüchten und ihre Sorgen vergessen können. Das ist mein Sinn des Lebens, es ist meine Freude und es macht mich glücklich.

In die Welt hinauszugehen und jeden Tag all die Ungerechtigkeiten und die Ausprägungen des Systems zu sehen, belastet meine Seele. Deshalb bin ich am liebsten Zuhause und tue die Dinge, die ich liebe.

Wann immer ich Nachrichten sehe oder im Internet verfolge, was sich in der Welt tut, bestärkt mich das in meiner Überzeugung, dass ich lieber drin bleibe.

Ich bin sicher, dass es viele andere da draußen gibt, die zu ähnlichen Erkenntnissen gekommen sind. Warum die Mühe investieren, die Welt verändern zu wollen, wenn der einzige Lohn am Ende ein unbefriedigendes Leben ist. Stattdessen konzentriere ich mich lieber auf mich selbst und die Menschen, die mir wichtig sind. Also schließe ich dieses Buch mit einem Zitat frei nach Bernd das Brot: »Grabt ein Loch und setzt euch rein.«

Quellen

Wie angekündigt, habe ich für die Skeptiker unter euch ein paar Quellen zu den Aussagen, die nicht aus meinen eigenen Überlegungen stammen. Dinge wie die Ursprünge der Schulsysteme, historische Gegebenheiten oder die Entwicklung von Herrschaftssystemen kann man schnell finden, daher habe ich hier keine explizite Quelle dazu genannt.

Der Anblick des Schönen wirkt wie Rauschgift (von Florian Rötzer (2001)): https://www.heise.de/tp/features/Der-Anblick-des-Schoenen-wirkt-wie-Rauschgift-3453338.html

Wo Moral und Emotionen herkommen (Elke Bodderas (2007)): https://www.welt.de/wissenschaft/article771805/Wo-Moral-und-Emotionen-herkommen.html

Robert Kegan: The evolving self: problem and process in human development. Harvard University Press, Cambridge, MA 1982, ISBN 0-674-27231-5.

Der Hirnstamm oder das Reptiliengehirn: https://www.gehirnlernen.de/gehirn/der-hirnstamm-oder-das-reptiliengehirn/

Steuern für Glauben - wer zahlt was?: https://www.tagesschau.de/inland/faq-moscheesteuer-101.html

Mal langsam! (Jurik Caspar Iser (2019)) über Waldorfschulen: https://www.zeit.de/gesellschaft/schule/2019-11/waldorfschule-paedo-gogik-waldorfpaedagogik-kindheitspaedagogik

Waldorfschulen im PISA-Test: https://www.waldorfschule.de/paeda-gogik/waldorfschulen-und-pisa

Wie hoch ist das Rentenniveau in Europa (und der Welt) (Rainer Hellstern (2020)): https://www.auswandern-handbuch.de/wie-hoch-ist-das-rentenniveau-in-europa-und-der-welt/

Deutschland: Von 82 Millionen Einwohnern sind bloß noch 15 Mio effektive Netto-Steuerzahler (2020): https://schweizerzeitung.ch/deutschland-von-82-millionen-einwohnern-sind-bloss-noch-15-mio-netto-steuerzahler/

Part1: How To Be An Adult-Kegan's Theory of Adult Development (Natali Morad (2017)): https://medium.com/@NataliMorad/how-to-be-an-adult-kegans-theory-of-adult-development-d63f4311b553

Part2: How To Be An Adult-Kegan's Theory of Adult Development (Natali Morad (2017)): https://medium.com/@NataliMorad/part-2-how-to-be-an-adult-kegans-theory-of-adult-development-ddf057b4517b